本书为教育部基础学科拔尖学生培养2.0研究课题
"本科生—研究生学习共同体研究"阶段性成果

大学人文教育 第十辑

贯通式与共同体：
本科生—研究生学习共同体研究专辑

罗 鹭 银 浩／主编

四川大学出版社

图书在版编目（CIP）数据

大学人文教育. 第十辑 / 罗鹭，银浩主编. — 成都：四川大学出版社，2023.8
ISBN 978-7-5690-6239-7

Ⅰ. ①大… Ⅱ. ①罗… ②银… Ⅲ. ①人文科学－教学研究－高等学校－文集 Ⅳ. ①C41-53

中国国家版本馆CIP数据核字（2023）第138058号

书　　名：	大学人文教育（第十辑） Daxue Renwen Jiaoyu（Di-Shi Ji）
主　　编：	罗　鹭　银　浩

选题策划：	刘一畅
责任编辑：	刘一畅
责任校对：	庄　溢
装帧设计：	墨创文化
责任印制：	王　炜

出版发行：	四川大学出版社有限责任公司
	地址：成都市一环路南一段24号（610065）
	电话：（028）85408311（发行部）、85400276（总编室）
	电子邮箱：scupress@vip.163.com
	网址：https://press.scu.edu.cn
印前制作：	四川胜翔数码印务设计有限公司
印刷装订：	四川盛图彩色印刷有限公司

成品尺寸：	185mm×260mm
印　　张：	10.25
字　　数：	223千字

版　　次：	2023年9月 第1版
印　　次：	2023年9月 第1次印刷
定　　价：	68.00元

本社图书如有印装质量问题，请联系发行部调换

版权所有 ◆ 侵权必究

扫码获取数字资源

四川大学出版社
微信公众号

编委会

主　　任：曹顺庆

副 主 任：李　怡　　古立峰

成　　员：（按汉语拼音顺序排列）

　　　　　　操　慧　　戴莹莹　　胡易容　　李　菲
　　　　　　李宇凤　　刘　娜　　卢迎伏　　罗　鹭
　　　　　　吕　东　　饶广祥　　妥佳宁　　王炎龙
　　　　　　王长林　　伍晓蔓　　银　浩　　喻宛婷
　　　　　　曾娅妮　　张　悦

主　　编：罗　鹭　　银　浩

主编助理：韩江华　　谢君兰　　李　扬

目 录

导师理念

新世纪教育的关键词：贯通式与共同体 …………………………… 李　怡（3）
面向中国语言文学国际传播时代的新文科建设 ………… 曹顺庆　张帅东（6）
从本科到研究生的古典文献学课程教学心得 …………………… 罗　鹭（9）
时差与视差
　　——文学史教学如何构造学习共同体？ ………………… 欧阳月姣（14）
艾芜研究如何成为本科生—研究生的学术平台 ………………… 周　文（22）
沉浸式教学在"新文科"建设中的应用探索 ……………… 戴莹莹　冷加冕（28）
高校辅导员的学术辅导与本科生的核心竞争力提升 …………… 胡余龙（37）
本科生—研究生学习共同体研究 ………………………………… 周仁平（47）

我们的贯通

"本—硕"学习共同体成效初探
　　——以四川大学文学与新闻学院为例 …………………… 李秀祺（55）
"本科生—研究生"学习共同体助力退役复学大学生深造成材 ……… 王雨晨（62）
在第二课堂中开展"本—硕"共同学习的意义与方法
　　——以四川大学文学与新闻学院为例 …………………… 苏玥祺（68）
本科生阶段如何衔接研究生学术沙龙
　　——论"双特生"培养制度的优势 ……………………… 许淳彦（77）

学习共同体

基于四川大学拔尖计划平台下的学习共同体探究 ……………… 徐子恒（87）
在拔尖班学习共同体中实现自我发展的心得体会 ……………… 李欣航（95）
论大创项目对大学生提升自我认知能力的作用 ………………… 王佳琪（99）
在往复中前进：试论大创项目与大学生专业学习的关系 ……… 余贤隽（106）
从兴趣到专业：探究大创项目与大学生专业发展的关系 ……… 杨巧如（115）

读书会的故事

从"读书会"看中国现当代文学"本科生—研究生"学术共同体 …… 王奕朋（125）
本科生参与硕博士读书沙龙：一道本硕贯通培养的学术桥梁
　　——以四川大学望江读书会的实践为例 ………………………… 宋骁航（133）
试论专业读书会之于本硕博生学术能力培养
　　——以四川大学古代文学读书会为例 …………………………… 曹　茂（138）

古典文献学的本硕博共同体

在川大古典文献学专业求学的体验 …………………………… 石勖言（147）
我的文献学学习之路 …………………………………………… 唐雪康（149）
川大文献学与我 ………………………………………………… 易　斌（151）

中国语言文学拔尖学生培养论坛（2022）暨浙江大学文学院惟学书院
　　成立仪式综述 ……………………………………………… 何哲涵（153）

导师理念

新世纪教育的关键词：贯通式与共同体

李 怡

四川大学文学与新闻学院

新世纪的中国高等教育正在经历一系列深度的改革，各自"理念"和"方法"纷纷出台，也取得了不同的绩效。在我看来，其中的关键词可能有两个，一是"贯通式"，一是"共同体"。

所谓"贯通式"，也就是打破已经僵化的培养体制，对本科—硕士—博士的培养系列作新的规划设计，尽量疏通横亘在这一教育序列中的不必要的关卡，让有志于学的大学生更早地进入学术性养成的通衢大道，避免一些无谓的考试程序所形成的阻碍和干扰。所谓"共同体"，就是构建学习发展的横向网络，组织有益的知识交流，提供学术切磋的重要平台，让一个人的自我成长能够从不同的方向上获得支援和帮助——不仅是老师，还包括同学；不仅是同级同班的同学，也包括其他年级特别是高年级的学长；不仅是本校的同学，也应该有其他高校、不同教育环境中的同学；不仅是本科的同学，还有硕士生博士生学长，这些不同经验的求学者可以在有意识的组织中形成各种交流的群体，在相互的鼓励和帮助中取长补短，迅速成长。

如果说"贯通式"是对人才培养的发展通道的规划，那么"共同体"则是对成长环境的营造。"共同体"的存在让"贯通式"的发展有了坚实的基础，而"贯通式"则使"共同体"的成效有了重要的走向。新世纪高等教育的理想方式就是构建学习共同体，完善"贯通式"的成长路径。

四川大学中国语言文学专业的教育教学改革，也在"贯通式"与"共同体"的尝试中做了多方面的努力。总结起来，大概可以划分为下列三个有层级、有梯度的教育设计。

首先是普遍加强对本科生的学术训练。以"大创"等学生科研为抓手，切实提高大学生的学术思维与学术能力。以"大创"为名的学生科研早已经是中国高校的普遍形式，但是在我们看来，这种学生科研还是存在亟待提高的地方，其主要表现就是这些完全由学生自主构想、自主设计的科研课题往往固然不乏精彩的构想，但是由于受到本科生知识和眼界的限制，不少课题都还是显得稚嫩、随意。面对这样的现实，我们与其听之任之，使学生科研自生自灭，还不如主动出击，以教师的科研课题为指导，适时引导那些愿意进入学术研究的同学更早了解和介入教师的学术领域，在教师的课题中完成部分科研任务。这样，即使是刚刚入校不久的本科生也能够迅速理解学术发展的正确方向，努力寻找适合自己的学术目标，并且有机会在老师的指导下展开初步的学术活动。一个学院的管理者，完全可以主动积极地为教师的学术方向下沉到本科生的思想探索穿针引线、铺路搭桥。这里，就形成了一个前所未有的学术共同体——师生交流的初级共同体。有了这一共同体的存在，老师也开始改变仅仅作为课堂教授人的角色，进入与学生深入交流的教育模式，教与学都因此出现了全新的内容。本书中收录了三位学生开展"大创"研究的体验，从中不难看出初学者的创新能力是如何被训练出的。

其次是引导本科生中的佼佼者及早另辟蹊径，打造更加独特的学术成长之路。像现在许多高校尝试的那样，我们在本科阶段开始了"双特生""拔尖生""直博生"的试验。在一开始，这些优秀的本科生就被置放在学术训练的道路上，有专门的"导师"对其进行指导和帮助。这是一种"准研究生"的培养模式，我们一般称其为"导师制"。比起一般的本科生，这种模式培养出来的学生能够获得更系统有序且细致的学术指导。当然，新的问题也来了：是不是开通了"导师—学生"这种交流通道就能够实现优秀学生培养的目标呢？——这可能还远远不够。于是，构建学习共同体的必要性再一次凸显。我们的经验是，对导师制下的本科生而言，比起导师，他们可能更需要广泛的学习共同体。我们尝试通过读书沙龙的形式将本科生、研究生聚集在一起，定期就大家感兴趣的书籍组织讨论。在讨论中，不同的见解会碰撞出火花。与研究生不同，本科生尚未接受十分严格的学术训练，其阅读量较少，思维能力也处于较低水平，他们可能在最初的读书活动中表现紧张，甚至无法自然表达。但这都只是参与共同体活动的初级表现。随着活动的开展，他们的阅读能力突飞猛进，其阅读能力和口语表达能力都进步很快，也建立起了良好的阅读习惯。这都是与导师一对一交流所达不到的效果。

最后，一些重要的学术项目及学术研讨会的特别安排和组织也很有必要。例如，一般意义上的学术项目与学术会议，都只邀请教师和研究生参加，本科生难以参与其中。这种学术制度实际上将许多萌芽中的学术人才阻挡在外。需知，学术项目和学术研讨往往是最简洁、最直接地展示学术思想的"场景"，学术突破可能就在其中的一瞬间"惊艳"亮相，给人留下久久难以忘怀的记忆。这也是激活本科生的学术热情的最佳时机。对此，课题组周文老师在组织艾芜研究及研讨会在这方面颇有心得，其撰写的《艾芜研究如何成为本科生—研究生的学术平台》一文让我们看到"本科生—研究生"的学习共同体在学术研讨中逐渐成长。

以本科生为起点的学习共同体建设自然而然地沿着现有的学科脉络发展，或者说，学科方向就是我们"贯通式"与"共同体"培养的基本路径。因此，学科意识的培养是必不可少的。在这方面，我们在中国古典文献学、古代文学、比较文学与世界文学、文学人类学、符号学以及中国现当代文学等方向上都有尝试，也取得了比较丰富的经验。限于篇幅，这里仅展示中国古典文献学和中国现当代文学两个方向的部分心得。中国现当代文学方向的"贯通式"与"共同体"培养体现在以"西川"命名的一系列学术活动的组织之中。"西川读书会""西川论坛"等学术活动已经开展了十余年，取得了引人注目的成就，被四川大学评为"立德树人"榜样团队。这里所谓的"团队"，其实就是本文中所论述的"学习共同体"，关于这方面的详细情况，我们著有文集《行走——西川论坛十年纪念集》予以专门总结。另外，作为四川大学历史悠久、积淀深厚的专业之一的古典文献学也在长期的探索中形成了一套"学习共同体"的思路。对此，罗鹭教授在其所撰论文《从本科到研究生的古典文献学课程教学心得》中的总结可谓一针见血。

总之，作为"贯通式"与"共同体"教育理念的实践者，在多年来的教学、教研与管理过程中，我们不断摸索着这一新世纪理想的现实可能性。我们现在的探索绝不能说已经取得了多么大的成效，但的确也多有收获，为未来继续开展教育探索奠定了比较坚实的基础，这一辑《大学人文教育》就是这一教育实践项目的专题总结。愿我们的经验与收获能够成为更多人继续探索的起点。

面向中国语言文学国际传播时代的新文科建设

曹顺庆　张帅东

四川大学文学与新闻学院

随着我国综合实力的增强，如何彰显文化自信越来越多地成为国际传播时代文科教学所关注的议题。当前我们正面临着一个重要挑战，即如何让世界更好地倾听中国声音，如何讲好我们自己的故事。中华文化源远流长，我们有着深厚的文化自信基础，但这样厚重的文化资源与文化资本在过去很长时间都没有得到充分的发掘与利用，具体表现为文科建设与中国语言文学学科发展中存在的若干问题。

我认为，面向中国语言文学国际传播时代的新文科教育应从深耕传统文化、加强文明互鉴两方面着力，致力于培养基础扎实、中西贯通的拔尖人才，并从高校课程设置、文科教学模式等方面着手改革。

首先，我们需要解决当今高校课程大而化之的"概论""通论"过多的问题。所谓"过多"，指的是课程设置太多，包括课程门数多、课时多、课程内容重复多。这也导致了文科课程内容"空"的问题，具体的"导读"较少。部分学生为了应付考试，只看"论"，只读文学史，很少读甚至不读经典作品，使得空疏学风日盛、踏实作风渐衰。鉴于此，适当的"消肿"是有必要的，即根据课程分类调整更为恰当合理的课程比例。我认为，以原典阅读为特点的新型教材可以补其弊端。在教学过程中我们应倡导启发式教育，培养学生的自主性，使其主动阅读原典并进行独立思索，以此培养学生的批判性思维。不读原文（包括古文原文与外文原文），大大地伤害了学术界与教育界，这种做法最直接的恶果，就是空疏学风日盛，造成了中国文化与文论的严重失语与当代中国文化创新能力的衰减。

中国富有生命力的文化规则、话语方式之所以处于边缘化的状态，被许多人认为已经死了，是由不正常的文化教育造成的，其突出表现是不注重经典的学习和研究。目前相当多的中青年学者与学生，基本不懂原典，对传统文化经典不熟悉，一味地进行批判。在我的课堂上，我始终大力倡导学生使用古文来研读中国文化与文学典籍，用英文原文来读西方文化与文学典籍。自1995年起，我便为研究生开设"中国文化原典：《十三经》"课程，至今已近三十年。我要求研究生阅读原汁原味的中国文化经典，教材直接用阮元主持校刻的《十三经注疏》，不用今译今注本。最初同学们都读得很艰难，但咬牙坚持下来，一年后基本都能够自己查阅古代典籍，学术功底大大加强，不少研究生进入毕业论文写作阶段后，才真正尝到了原典阅读的甜头。我还开设了"中国古代文论"课程，要求同学们背诵《文心雕龙》（起码做到背诵十篇）、《文赋》等中国文论典籍，同学们一开始皆感到"苦不堪言"，但我严格要求，每个学生都必须过此关。学习过程虽有挑战，但效果却非常好，无论是写文章，还是开会发言，同学们对中国文论典籍信手拈来、文采斐然。同时，为了增强对他者的理解，促进中西有效对话，从1998年开始，我直接用英文版教材给研究生开设"文学研究方法论：当代西方文论导读"课程，要求每位同学都必须在课堂上用英文抽读西方文论著作。经过一番艰苦磨练，同学们收获良多。

因此，我们建议，面向中国语言文学国际传播时代的新文科建设应当增开中国古代原典（《论语》《老子》《孟子》《庄子》《史记》等）导读课程，减少文学史课时，教材设置简单一点，集中讲授，无需什么都讲。应倡导启发式教育，要让学生自己去读原著，读作品。我的用心，就是试图开展一个教学改革尝试，让同学们能读到原汁原味的东西，获得实实在在的知识与智慧，而不是大讲空论，凌空蹈虚。不是在岸上大讲游泳理论，而是让同学跳下水去学游泳，教师只是从旁边给予必要的指导与点拨。

在"空"之外，"旧"与"窄"的问题也同样明显。"旧"是指课程内容陈旧，一些教师认为文科课堂内容无需经常更新，久而久之就导致教案与时代和学生的知识需求严重脱节。对此，各领域的专家教授应当积极编写一批高质量的、适应新文科人才培养需要的新教材，并做好新教材的使用和推广工作。通过将学术前沿引入课堂，培养具有创新精神的新文科人才。虽然创新我国自己的理论话语早已成为国家战略要求，但是理论创新所需的国学基础不足，是"建在沙滩上的创新"。创新并非易事，要真正做到创新，我认为需要突破两点过去的教学弊病：其一是理论完全跟着西方走，如强行用西方的"现实主义"解释《诗经》，用"浪漫主义"解释《楚辞》，不恰当的理论移植歪曲了中国文学史的原貌；其二是疏于考据、主观臆断，许多理论甚至在学界以讹传讹。我们只有在基础厚实、文化自信建立的基础上，用自己的眼光去创新，才能有自己的创新。

而所谓"窄"的问题，也是一个亟待解决的问题。中华人民共和国成立以来，高校学科越分越细，专业越来越窄，培养了很多精于专业的"匠"，却少有高水平的"大师"。不通古、不博古的问题，导致了学术研究上的狭隘风气。不同学科普遍存在孤立研究的倾向。例如，研究现当代文学的人，不愿意接触古典文学。这种狭窄的视野，使很多应该研究的领域没有得到足够的研究。比如整个现当代文学史，实际上是一部残缺的文学史，几乎不收当代人写的古体诗和文言作品，是名副其实的"白话文学史"，而不是"当代文学史"，这使得学术视野和学术深度大打折扣。研究西方文学的人，只在西方作家和评论家那里打转，而没有充分利用好古典文学的丰富资源。甚至在研究古典文学的学者那里，条条框框的关门主义也很突出。研究文学的人，不研究经史；研究经史的人，不研究文学。有的把一条流动的文学史，切割成一个个独立的方块，自筑牢墙。教先秦文学的人不懂唐宋，教明清文学的人不知先秦。正如刘勰《文心雕龙·知音》中所说的，"东向而望，不见西墙"。可想而知，在此基础上的学术研究，在此基础上的培养教育，怎能不出问题？

要培养复合型新文科人才，教育者应当广开眼界、融通文理。我国的学术大师大多具备非常坚实的文化素养，他们的学术基础就是博古通今、学贯中西，这也是新时代拔尖人才应当具备的素养。1983年时我曾与钱学森先生通信，钱先生在给我的回信中论及科学创造与文科研究共有的"灵感"问题并提出文理人才合作研究的愿景，这体现了老一辈科学家宽广包容的学术视野。如今人文社科内部划分过于细致，文、史、哲以及政治学、社会学、人类学等学术分工自有其合理性，但过分切割则会造成对这些学科本身的巨大伤害。学术的实际应用、现实意义、终极价值等问题，本来是我们研究比较文学、文学理论也应该思考的问题，但却因为学科的划分而被我们大多数人排除在思考和研究之外。对教学工作者来说，需要历史地、辩证地看待新文科发展的整体态势，既要认识到不同学派的学科理论产生的经济社会基础以及由此形成的学科特点，又要把握不同学派学科理论蕴含的普遍意义。对于教材中提出的新锐观点，需要在授课过程中多注意结合案例分析讲解。要采用开放性的视野，以启发性教学为主导，引领、协助学生以跨学科、跨文化的眼光理解世界文化与文学，更好地认识当代经济全球化与文明多样化背景下的文学与文化研究，为培养既坚持马克思主义基本观点立场又具有创新精神的人才做好准备。

我国高等教育的发展方向正面临着从"数量"到"质量"的转变，新时代人才培养首先应当直面"钱学森之问"，培育我们当下的学术大师，培养民族复兴的战略人才。新文科的建设应当建立在文理渗透、学理渗透平等的基础之上，充分重视高等教育人才的培养及教育教学质量的提高，以培养学贯中西、文理兼通、勇于创新的学术人才为总体目标，这样才能切实推动中华文化和中国语言文学在世界范围内的有效传播。新文科的价值应当体现在追求文科的高品质、能思想、会思想的基础之上，我们的教学工作应加大对新文科建设中相关文件的贯彻落实力度，加强新文科建设理论与实践的推进，积极做好新文科专业认证准备等，为促进优秀中华文化和中国语言文学的国际传播打好基础。

从本科到研究生的古典文献学课程教学心得

罗 鹭

四川大学文学与新闻学院

我是2008年从南京大学中文系中国古典文献学专业博士毕业后来四川大学文学与新闻学院工作的。当时，中国古典文献学教研室主任是张勇教授，他在招聘启事中特别注明了专业要求："硕士、博士都要求中国古典文献学专业"。这个要求难住了很多求职应聘者，也体现了本专业对硕博贯通式人才的要求。这在那时颇为难得。从我入职的第二年开始，本专业的前辈学者罗国威教授、祝尚书教授、刘文刚教授先后退休，我陆续接过"中国古典文献学""版本学""古文献整理与研究""中国文学典籍""文化原典导读""中华文化（文学篇）"等本硕课程的教学工作。从教十多年以来，我在中国古典文献学专业课程的教学与人才培养方面有不少心得体会，不揣浅陋，与大家分享。

一、治学精神的传承

中国古典文献学是一个"冷门"专业，大学本科阶段就开设这个专业的高校只有几所，招收这个专业硕博士生的高校也不多，且往往还需要接受调剂才能录满名额。中国古典文献学专业学生的培养周期长、成效慢，在与中国语言文学其他二级学科的良性竞争中常常处于劣势。因此，如何激发学生的学习兴趣，使他们了解并热爱这个专业，愿意坚持读到博士毕业，并以之作为毕生的"志业"，是摆在本专业所有教师面前的难题。个人以为，解决这一难题的重要途径之一是重视治学精神的传承。没有坚韧不拔、锲而不舍的精神，很难在中国古典文献学的学习与研究中取得较大成就。

我的文献学启蒙老师是原湘潭师范学院（今湖南科技大学）中文系的陶敏教授（1938—2013）。陶老师只有大学本科学历（武汉大学中文系毕业），由于历史原因，从1957年至1977年在东北工厂、农场劳动了近20年，1978年调到原湘潭师范学院任教时已年满40岁。在他人"壮志消磨浑欲尽"的年纪，陶老师凭借惊人的记忆力、

---

* 本文系教育部基础学科拔尖学生培养计划2.0研究课题"面向中国语言文学拔尖学生的课程与教材建设研究"（项目编号：20222157）的阶段性研究成果。

坚韧的意志力，在唐诗文献研究领域奋勇直追，短短几年时间就取得了学术界公认的巨大成就。虽然陶老师已经去世多年，但他潜心治学、永不言弃的精神在我的心底留下了长久的烙印。

2006年，教育部出台研究生教育创新计划，我作为该计划的首批受惠者，得以在博士二年级时到北京大学中文系访学一学期。访学期间，我到清华大学旁听了著名学者陈鸿森先生的"经学史"系列讲座，讲座的具体内容很多都已经淡忘了，但陈先生根据《后汉书·杜林传》改写的寄语"古学虽不合时务，然愿诸生无悔所学"，我至今仍铭记于心，并将其作为座右铭激励自己不断前行。中国古典文献学是"不合时务"的"古学"之一，从业者要有"无悔所学"的勇气和信心。当我在川大评上教授时，我在南京大学求学时的导师程章灿教授发给我的微信勉励之语也是："一路走来，对得起时光，也对得起自己，这是最重要的。"换句话说，就是要问心无愧、无悔所学，这是两千多年来中国传统知识分子共同传承的治学精神。令人欣慰的是，我接触过的很多本专业研究生在毕业时也说不后悔选择中国古典文献学这个专业。

川大的中国古典文献学专业有很深厚的历史渊源和学术底蕴。对此，我近年在梳理和撰写学科史时，有了更真切的体会。从刘咸炘、林思进、向宗鲁、庞石帚、姜亮夫、杨明照、王利器、王叔岷、屈守元、项楚、张涌泉等大批有代表性的学者组成的师生名单可以看出，川大的中国古典文献学专业人才济济，名家辈出。这是一笔宝贵的学科财富，我们要在课堂内外讲述好他们的求学故事，传承好他们的治学精神。一旦形成了好的传统，源源不断的优质生源就会被他们的精神所感召，自觉地投身于古典文献学这一冷清的事业当中，使之传承不绝。

二、实物、实践、实习的结合

古典文献学的专业特点是"务实"，强调以"实事求是"的精神解决实际的文献问题，包括文献的真伪、版本的鉴定、目录的分类、文本的讹误、人物生平与历史事件的考证等。因此，要着重培养学生解决实际问题的能力。

以"版本学"课程教学为例，一般需要六至十周来讲解基础理论知识，让学生掌握版本学的基本术语，了解版本鉴定的一般方法。但如果学生没有机会经眼古籍版本实物、不进行实践练习，理论知识就无法转化为实际能力。在我院成立杨明照古籍特藏室之前，我都是拿自己珍藏的古籍到课堂上给学生进行实践练习的。2021年春季学期，借整理杨明照先生捐赠之古籍的契机，我组织学生进行了为期一个月的版本鉴定与古籍编目实践，使"版本学"课程的教学效果更加突出。比如，对于课堂上不会重点讲解的石印本和铅印本之区别，学生普遍存在难以分辨的情况，而通过实物讲解后就容易掌握了；又如丛书的零种，往往有单独的内封和牌记，著录时容易视为单行版本，通过实践教学，让学生逐一查检《中国丛书综录》的总目与子目，才能准确地著录。可见结合实物进行实践练习，是"版本学"课程最行之有效的教学方法。除此之外，我还经常动员学生报名参加由中国古籍保护协会主办、四川省图书馆承办的"中华古籍普查文化志愿服务行动·四川行"活动，让他们在更广阔的社会实践与实习过程中提高自己、锻炼能力。

古籍标点与校勘的实践、实习也同等重要。在课堂上简单地讲述标点与校勘的理论和方法之后，教师应当留够时间或者创造各种机会让学生进行标点、校勘练习。有的学生总是认为自己基础不够好，但又不知如何快速提高。目前，市面上物美价廉的古籍影印本很多，买上几十册，每天花点时间一册一册地标点，再根据权威的点校本对勘一遍，看看自己哪些地方错了，并思考为什么会出错，这样日积月累，自然而然就能打好基础，提高阅读古书的能力。校勘能力的培养，也可以采用相同的方法。挑选一个版本较好的影印本作为底本，用不同颜色的笔将各种善本的异文校录到底本上，形成一部独一无二的汇校本。这样既锻炼了校勘能力，也培养了版本意识，还有一定的收藏价值，一举多得，何乐而不为呢？

前几年，我在上"古文献整理与研究"这门课时，曾组织学生整理川大前辈学者向宗鲁先生的《校雠学讲义》。该讲义是用骈文撰写的，内容广博，用典艰深，一般人很难读通、读懂，故标点整理的难度很大。第一次整理时，我只是在课堂上选读了部分篇目，并请一位本科、硕士皆就读于本专业的同学完成了几万字的录文工作；第二次整理时，我将具体篇目分配给2013级选修此课的同学，要求他们逐字逐句地标点、校勘、审订，才完成了全书的整理工作，并在每一篇的末尾留下了整理者的名字，以资纪念。这样的学术训练，能够将学科史教育与专业学习结合起来，为学生的成长树立一个好的起点，应该继续坚持并大力提倡。

目前，高等教育非常重视基础学科拔尖人才培养，但基础学科本身的特点决定了人才很难迅速"拔尖"。只有打破唯论文为导向的人才评价机制，从基础学科本身的特点出发，才能真正培养未来的拔尖人才。以中国语言文学的拔尖计划和强基计划的本科生为例，要发表学科公认的权威或核心期刊论文对他们来说是不切实际的要求，也不符合人才培养的规律。但本着夯实基础的角度出发，鼓励某个年级的拔尖班同学集体整理出版一部重要的古籍著述，或者共同翻译出版一部外国文学作品，则无疑是可行的。这既能激发学生的学习兴趣，培养学生的专业能力，也能为本硕博贯通式人才的学术发展奠定良好的基础。

三、原典阅读与理论思考并重

川大中文系的历史传统是重视原典教学。根据1935年的国立四川大学《中国文学系课程标准》，全系四个年级的专书类课程多达22门：史记、孟子、荀子、左传、韩非子、诗经、汉书、庄子、礼记、论语、尚书、仪礼、周礼、周易、春秋公羊传、春秋穀梁传、老子、管子、墨子、公孙龙子、吕览、淮南子①。尽管这一课程体系在任鸿隽任校长、刘大杰任系主任期间被大刀阔斧地改革了，但师生们研习原典、重视文献的热情并未消减。据王利器先生回忆："这时（笔者按：指1936年），四川大学校长是任鸿隽先生，文学院长是张颐先生，中文系有龚向农先生讲'三礼'，林山腴先生讲《史记》，周癸叔先生讲词，向仙樵先生讲《楚辞》，祝屺怀先生讲《资治通鉴》，李培甫先生讲《说文》，李炳英先生讲《庄子》，赵少咸先生讲《广韵》，彭云生先生讲杜诗，庞石帚先生讲《文心雕龙》，萧仲伦先生讲《诗经》，曾宇康先生讲《文选》，刘大杰先生讲中国文学发展史，后来又聘请向宗鲁先生讲校雠学、《管子》、《淮南子》，陈季皋先生讲《汉书》，师道立则善人多，一时蔚为蜀学中心。"②正是这种重视原典教学的风气，使国立四川大学中文系的本科人才培养质量位居全国前列：1940年前后，川大本科生刘念和、王利器、王叔岷先后考上北大文科研究所，王利器的本科毕业论文还在重庆政府举办的第一届大学生毕业会考中得了满分③，故教育部批准川大于1941年设立文科研究所中国文学部（1947年改中国文学研究所）。这是川大中文学科招收研究生的开端。

　　川大中文学科重视原典教学，不仅体现在师生熟读古代经典，还体现在师生的重要学术成果多为古籍整理著述，包括向宗鲁《说苑校证》，庞石帚《国故论衡疏证》，张默生《庄子新释》《老子章句新释》，任中敏《敦煌曲校录》《教坊记笺订》，戴明扬《嵇康集校注》，陈志宪《西厢记笺证》，杨明照《文心雕龙校注》《文心雕龙校注拾遗》《抱朴子外篇校笺》，华忱之校订的《阮步兵咏怀诗注》《孟东野诗集》以及与喻学才合作出版的《孟郊诗集校注》，成善楷《杜诗笺记》《庄子笺记》，李崇智《人物志校笺》，项楚《王梵志诗校注》《寒山诗注》《敦煌变文选注》，张志烈、马德富、周裕锴《苏轼全集校注》，罗国威《刘孝标集校注》《敦煌本〈文选注〉笺证》《日藏弘仁本文馆词林校证》，祝尚书《卢照邻集笺注》《杨炯集笺注》《吕本中诗集笺注》，周裕锴《石门文字禅校注》等。

　　如何继承和发扬重视原典的优良治学传统，是摆在青年教师和更年轻的硕博士生面前的一道难题。一方面，我们大力提倡原典教学，鼓励学生多读原典，读懂原典；另一方面，我们又催促学生多发论文，尤其是高水平的论文。无论哪一方面要做好，都不是短短三四年时间能够达成的。但如果从本硕博贯通式培养的角度来看，无论是原来的3+2+3，还是最新的3+1+5，都能在一定程度上缓解这一矛盾。贯通式人才潜心读书八九年以上，能够读完专业所需要的大部分经典原著，打下厚实的专业基础。但如果仅仅停留在这一步，只知阅读或机械记忆而无法产出和融会贯通，也不能成为创新型人才。古代社会有很多秀才和私塾先生，他们对大部分儒家经典都能倒背

---

① 国立四川大学秘书处. 国立四川大学一览[M]. 国立四川大学1935年铅印本（成都彬明印刷社代印）.
② 晋阳学刊编辑部. 中国现代社会科学家传略第二辑[M]. 太原：山西人民出版社，1982：84.
③ 晋阳学刊编辑部. 中国现代社会科学家传略第二辑[M]. 太原：山西人民出版社，1982：86.

如流，却无法成为真正的一流学者，这就是前车之鉴。作为现代研究者，我们在阅读原典的同时，应当加强理论思考，要带着问题去阅读，从书本中找到某个问题的答案，或者在阅读中衍生出更多的问题来思考，并加以解决。这样逐渐积累，自然而然就能产生原创性研究成果，发表高水平论文。对于中文学科的拔尖人才培养而言，只要阅读了大量原典，思考得足够深入，并且善于表达和交流，就一定能够脱颖而出。

时差与视差

——文学史教学如何构造学习共同体？

欧阳月姣

四川大学文学与新闻学院

"文学史"作为高校中文系本科教学的基础主干课程，是本科生走入文学专业的第一步。跨过这个门槛，就不再只是文学爱好者，而是一名中文专业的"学徒"了。经过"文学史"的培训，再走上讲授"文学史"的岗位，仍然是目前最主流的学院派经验传承方式。这是毫不奇怪的，"文学史"本就为教学而生，为专业化训练而服务。

然而，一旦将凝固为"知识体系"的"文学史"带入实际的课堂教学，就不难发现，此种以20世纪"50年代以来苏联式大学专业化分工训练体系"为基础，80年代以来"试图挑战和突破这种一体化学术形态和思想形态"的"知识分子写作"为补充的学科范式，[①] 在教学实践中遭遇了种种困难。作为20世纪80年代参与文学史反思和讨论的代表之一，陈平原将"中国现代文学"课堂论述的困难归纳为"三重限制"之间的合力与缝隙："一个时代的意识形态、个人的学术及审美趣味、代表国家利益的教学体制。"[②] 当然，这是从讲授方也就是教师（亦包括其身后的学科建制）的角度和意图出发的。事实上，课堂论述的困难还牵涉到接受方也就是学生的情况，讲授的过程不得不时刻内蕴着"接受美学"的清醒意识——在当下，这种困难似乎更加凸显，成为影响文学史教学的一个重要因素。

2008年至2019年，笔者在北大中文系接受了完整的"学徒训练"，目前在一所西南地区双一流高校的A类中文院系，参与讲授了两轮"中国现代文学"基础主干课程。在该校中文院系现行的培养方案中，它占据了5学分（周5学时）的重要分量。因笔者初出茅庐，学院方安排了一位从20世纪80年代的学科建设氛围中成长起来的"60后"资深教授，与身为"80后"的笔者共同承担此门课程，先后给2019级、2020级的"00后"中文专业本科生讲授"中国现代文学"。具体分工为，资深教授讲述"第一个十年"，笔者讲述"第二个十年"及"第三个十年"，有时亦有交叉。下文中笔者仅就上述经历，谈一谈个人教学经验中体会到的关于"接受美学"的"时

[①] 张旭东. 批判的文学史：现代性与形式自觉[M]. 上海：上海人民出版社，2020：2.
[②] 陈平原. 作为学科的文学史：文学教育的方法、途径及境界[M]. 北京：北京大学出版社，2016：516.

差"与"视差"及其衍生出的关于学科性质、课堂定位和学习共同体构建等问题的一些初步思考。

一、绝对时差与相对时差

笔者给2019级本科生讲授"中国现代文学"第一课"文学革命与五四新文化运动"时,恰好是"五四"百年之际,也就是说,"新文学"所开创的、通过"白话革命"浸透了我们当下的意识和表达的这个"现代文学"的源头,它的存在已经超过了一个世纪。同样地,课程所使用的教材《中国现代文学三十年》,其最初版本(1987)距今已经35年,即便是未做整体改动的修订本(1998)距今也有24年之久。这意味着,无论是这门课程"所讲述的年代",还是我们所凭据的"讲述中国现代文学的年代",距离21世纪20年代的今天,都已经相当久远。按照常理,这个时间差只会逐年递增,笔者称之为"绝对时差"。

从生物学的角度来看,"一百年"是目前技术水平下人类个体寿命的极限,而"三十年"差不多意味着一代人的再生产。"绝对时差"提示我们,中国现代文学这一学科最为珍视的"同时代感",可能越来越不那么理所当然。因为"同时代感"基于并且极大依赖于肉身经验。举例来说,笔者在听闻师长辈谈论学科草创时期的"新启蒙"和"人文精神"时,已经接近于雾里看花,更何况出生于21世纪的学生们呢?至于中华人民共和国成立前的历史经验,笔者的祖辈尚有健在者时常提供口述史,而笔者学生们的祖辈则几乎与共和国同龄。于是,"中国现代文学史"的理解与接受,必然越来越接近于客观化、体系化的知识积累,在此基础上若能够再结合思想史、文化史的理性思辨,以至达成一种高度专业化的"学术训练",已经是最佳的结果。

然而,"中国现代文学"这一学科在本质上其实又拒绝建制化和学院化,这也是绝大多数从业者自认为其境界或情怀不同于"古代文学"或"外国文学"同行的心理皈依点,我们愿意相信"中国现代文学"仍具有强大的精神感召力和现实针对性,并唯恐它失去活力。就此而言,王瑶先生在1980年称现代文学"是一门很年轻的学科",至1995年樊骏的报告《我们的学科:已经不再年轻,正在走向成熟》,[①]似乎恰恰说明,凭借着20世纪80年代的精气神而屹立的"中国现代文学",也将不可避免地伴随着这种"时代精神"在肉身经验上的消散而逐渐耗尽其积攒的能量。如此也就不难理解,20世纪90年代以至21世纪以来,学科内部一次次地试图在整体上自我更新,而落到实处其实只能小修小补,就像《中国现代文学三十年(修订本)》只对作家作品的研究论述进行细节增补那样。实际上,学者们心知肚明,若教材层面的、足以撼动文学史叙述框架的整体性变动真的实现,那么其所依据的能量也早已溢出

---

① 陈平原. 作为学科的文学史:文学教育的方法、途径及境界[M]. 北京:北京大学出版社,2016:514.

"文学史"之外了。越来越理性化、制度化的现实,与曾经的感性化、肉身化的理想之间存在着难以弥合的矛盾。经历了理性化、制度化的学院派训练成长起来的学者们,几乎只能沿着小修小补的路径,沉潜入已规划好的研究对象的更为细节幽微之处,秉持着一种精耕细作的"匠人精神",为"知识体系"的大厦添砖加瓦。而人们往往将这一矛盾搁置,并试图将期待的目光转移到个体化的"学术创新"之上。但显然,这并不是人们期待的那种创新,因为这个学科在本质上需要"压在纸背的人生经验与社会关怀"[①]去喂养它,使它保持活力,保持与现实生活的紧密联系。

问题的关键就在这里:"现实生活"变动不居,越是靠近当下,就越是存在更多流动的经验尚未得到把握与赋形,而"文学史"则是相对稳定的历史沉淀物——"但我们用来描述当下'文学'现状的知识工具,乃至'文学'概念本身,却是一个诞生于晚清中国的'装置'",[②]其最成功也是最终极的形态便是《中国新文学大系导言集(1917—1927)》,也就是在物质层面和精神层面同时构筑起"中国现代文学"学科地基的"第一个十年"。毫无疑问,20 世纪 80 年代催生出的文学史论述,正是在当时的"现实生活"之刺激下,对这一地基的创造性复归,从思想与审美两个方面都再度确认了一种现代的"文学"之典范地位。这种经验与对象的完美契合,引导学科建设走向黄金时代,却也有可能导向某种迷思,即不自觉地将"文学"本质化,忘却了它的"起源",甚至从中抽象出"文学性"或"人文精神"来作为衡量新的经验之准绳,而不管"现实生活"是否已经起了变化。如果说在学术研究的层面还比较容易与时俱进、破除迷思的话,那么在重视典范且较为稳固的文学史课程教学的层面则相对滞后、更有可能掉进认识论的盲区。

基于上述缘由,作为本科生入门培训课程的"中国现代文学"不仅沿用了这一有着绝对时差的文学概念,同时也绝不满足于脱离"现实生活"的知识传递与学术训练,"生命体验"与"文学感觉"的重要性一再被强调,并成为填补已经制度化的知识体系缺陷的感性要求。尴尬的是,"生命体验"只能来自讲授者或接受者自身的人生经验,"文学感觉"要靠大量阅读经验的积累或者基于某种天分悟性,这些都不是"中国现代文学"课堂或作品所能提供的。与讲授者个人的审美趣味与时代的意识形态、国家的教学体制的磨合相比,绝对时差的错位所显现出的学科本身的矛盾是笔者在当下讲授"中国现代文学"课程时真正感到困难之处。

在如此要求共情的课堂上,讲授者必须尽力克服绝对时差,但又不得不意识到讲授者与接受者、以上二者与整个学科传统之间的相对时差。讲授者与接受者之间的相对时差,经常被直接简化为代际差异,这虽然有一定道理,但也存在某些难以解释的情况。比如,即便在同一课堂上,总有一部分学生能够顺畅地进入这一知识系统,与

---

① 陈平原. 作为学科的文学史:文学教育的方法、途径及境界[M]. 北京:北京大学出版社,2016:520.
② 李杨. 边界与危机:"当代文学史"漫议[J]. 中国现代文学研究丛刊,2020(5):82-96.

讲授者共享一套话语体系，而另一部分则始终不得其门而入。另外，由于笔者参与的课堂存在着两名不同代际的讲授者，相对时差也相应增加了一个层次。毫无疑问，我们讲授的"知识"是大体连贯的，但介入知识的"感觉"却是不同的。如前所述，由于"中国现代文学"特别强调"生命体验"与研究对象的天人合一，这种"感觉"的传递对学生的影响，常常超过了作为知识的对象本身。从乐观的角度看，两名讲授者在"感觉"上的不连贯反而起到了意想不到的积极作用，它迫使接受者尝试主动辨识不同的"风格"，而非机械地将某一种立场或审美视作理所当然的唯一解，从而领悟"相对性"的必然，继而有可能建立起自身的"感觉"。这其实是我们当下文学史课堂最为理想的一种状态：人人依自不依他，各用"生命体验"来浇灌同一个知识与审美对象，形成有时差又有交叉的共振，"中国现代文学"由此克服"绝对时差"，在不同的代际间延续一种肉身可感的"同时代性"，保持与"现实生活"的交互性。从悲观的角度看，对入门级学徒来说，在客观化知识上附着过多的、有时相互矛盾的观点和意义，只会让人感到芜杂、迷惑、混乱，乃至挫败。此外，既然"生命体验"和"文学感觉"不能靠文学史课堂来获取，既然它们的重要性超过了客观化知识本身，那么，为什么对象非得是"中国现代文学"不可？有一些作家作品是否可以不必再读？那些社团、机构和人事间的纠葛，随着相关人士的殁去，是否可以不必再折磨后人？文学史课堂应该传授什么、如何传授？

二、期待视差与文学史课堂的定位难题

所谓"视差"，就是站在不同的位置和距离观察同一个对象时产生的偏差。虽然"中国现代文学"几乎从未是客观的、有清晰边界的对象，但至少"文学史"的形态有一个较为稳固的范畴。这里的"视差"不是指学科内部研究者在学术见解上的不同，而主要指不同观测主体对于"文学史"特别是作为课程设置和知识体系的"文学史"在观感和定位上的差异。

就目前高校中文系的课程设置而言，作为专业必修课的"中国现代文学"与"中国当代文学"共同支撑着二级学科"中国现当代文学"在整个教学培养体系中的根基，通常安排给大一年级修习；同时提供形形色色的专题选修课程，供学有余力及感兴趣的学生选修。文学史系列课程作为"入门"，必须兼顾专业化与通识化。一方面，讲授者需要提供专业、系统的知识体系；另一方面，讲授者还需要激发学生对本学科的兴趣，发掘并吸引有潜力的"学徒"苗子。或许对资深教授来说，兼顾以上二者并非难事，甚至已经达到了圆融的境界，但对初出茅庐的笔者来说，仍然需要不断地观察接受者的反馈来调试二者间的平衡。在最初的备课和教学思路里，由于笔者自身将文学史视为一种不自然的认识论装置，认为现代文学也是一种非本质的历史建制，所以既无法从"文学是人学"的启蒙主义视角切入论述，也无法从"文学是文学"的本

体论视角切入论述，而是尝试在讲授中从不同视角展示并解析这种现代性装置。

具体而言，在第一堂课，笔者将"中国现代文学"拆解为"中国""现代""文学"三个维度，观察它们作为有历史限定性的概念，是如何起源与组合成型的。在此基础上，再具体引入"文学革命"的人物、事件与论争关键点，重新带学生们进入这个他们本就浸润其中并习以为常的"白话新文学"的世界。他们在中学阶段语文课上所形成的一切理所当然的认识，在这里都需要打上问号被质疑。同样地，教材或其他文学史著作里一切评述性的话语，都不可直接复制接收，它们都需要被"历史化"。在后续课堂中除了必要的文学史脉络梳理，绝大部分是作家作品解读。在这一部分，笔者受《文学作品的多重解读》的启发，尝试在讲授一位作家作品时就应用某一种较为贴合文本的批评思路，争取在细读一个文本的同时让学生了解一种理论视角，将文学史、文学批评与文学理论结合起来。在最后一堂课，当学生们已经初步形成了较为稳固的文学史知识范畴后，笔者尝试扩展学科边界，鼓励学生结合当下经验讨论"文学""叙事""历史""媒介"等有关书写之形式的根本问题，最终获得一种批判性的眼光。走到这一步，学生们其实已经得鱼忘筌。当然，这样的学生是笔者在课程设计时所幻想出来的"理想接受者"，在实际操作中能够走到最后一步的学生毕竟有限，大部分学生最后只能做到买椟还珠，也有极少数完全不能进入语境。在第一轮课程结束后的教学评估中，笔者收到了两份褒贬悬殊较大的匿名主观评价：

……是一个特别特别优秀的老师，而且每次讲课都会找一个线索，把自己要说的和客观上要讲的东西都串联起来，让人更加多元化地看待中国现代文学。

——学生 A

年轻，缺乏社会经历，对部分经济内容认识角度不是特别合理。学历较高，但囿于理论。仍需要更多经验、更多所谓"接地气"的学习交流……并不是说迁就，而是这种居高临下的姿态，在某种意义上偏离了文学的真正内涵。

——学生 B

令人欣慰的是，学生 A 理解了"多重解读"的用意，能够把文学史与文学批评一纵一横地交织为一幅立体图景，跳出教材的桎梏。但同时也存在着无法理解课程逻辑、拥有自身对"文学的真正内涵"之理解的学生 B。很遗憾，在课程结束后，已经没有机会再就此进行探讨了，所以笔者也无法了解学生 B 所谓"文学的真正内涵"究竟是何所指。不过，笔者仍然可以从字里行间感受到学生 B 对"中国现代文学"课程过于理论化的不满，以及期待讲授者能够提供一种情感价值与审美体验。或许比该评价本身更重要的是，不认同讲授者的"感觉"和"风格"的接受者，仍然在心理上不自觉地共享了有关这一学科的一个预设前提，即要求"压在纸背的人生经验与社会关怀"参与其中。此外，学生 B 还进一步要求讲授者以接受者所能理解和认同的形式进行教学。这就把我们引向一些很有意思的问题，即接受者为什么会对"中国现代文学"拥有此种"期待视野"？我们很少听闻在"文学理论""比较文学"这些专业必修课程中的接受者会产生对理论化的反感，似乎这些课程就应该是专业化和理论化的，而"中国现代文学""中国当代文学"都普遍被认为是门槛很低的课程，只要有高中语文的底子和对"文学"的热情就能顺畅进入。还有一个有趣的现象或许恰好与上述期待相应，即"中国现代文学"的讲授者普遍会在第一堂课提出并解释"为什么要学习中国现代文学"。当然，讲授者提出这个问题的动机和立场未必一致，一些讲授者是为了提升学生课堂兴趣、培养学生主动思考的意识，另一些则是为了阐述课程的体系或指出学科的内涵。但无论如何，他们的动机和立场总是指向与"现实生活"的相关性，也不免有些"自我辩护"的意味。

"视差"的存在及其背后共享的某种默契使我们又回到了专业化与通识化之间的平衡问题。笔者认为，这不是一个外部的教学技术问题，而是学科内部的性质问题。也就是说，"中国现代文学"这门基础主干专业课，在接受者乃至讲授者的期待视野里面，蕴含了不那么专业的"通识性"——"从专业视野来看，文学史作为文学教育的中心形式意味着以培养专业化的文学史研究人员为目的，而实际上，文学教育特别是本科的文学教育承担着更重要的功能，即'表达民族意识、凝聚民族精神，以及吸取异文化、融入世界文学'等。"[①] 那么，"中国现代文学"因为与20世纪中华民族谋求独立自主、走向伟大复兴的历史密切相关，与现代中国人在这一历史经验中所形成的情感和观念密切相关，"天然地"比其他专业课更贴近上述重要功能，涉及的作家作品不仅仅包括我们的民族文学，还包括学院知识分子对"文学史"的论述，两者一起凝聚为承载着集体记忆的民族文化沉淀物。因此，文学史课堂不得不既是专业的通识课，也是通识的专业课，这实际上给教学提出了更高的要求，即需要让文学史课堂成为承载并调动民族文化记忆的一种物质性时空。

三、文学史课堂如何成为学习共同体

如果说在第一轮授课中笔者较为偏向"专业化"的路径，那么，由于意识到学科内在的"通识性"要求，第二轮授课便需要做出相应的调整。于是，笔者在维持原有的课程设计框架的基础上，增补了不少作家传记批评的内容，如茅盾在国民大革命时的经历、巴金的无政府主义信仰、老舍与辛亥革命后的旗人文化之关联等，与他们的作品解读一起构成现代中国的精神史。因为，只有理解了作家作品的精神历程与思索轨迹在20世纪中国的现代化变迁中的位置，才有可能深入我们的"前史"，把握历史的纵深感，最终在铭印共同的文化记忆的同时抵达对我们当下生命存在的理解。这既是我们学科的特征，更是构建民族文化共同体的要求。

---

① 贺桂梅. 文学史传统与大学文学教育[J]. 文艺争鸣，2016（10）：36—41.

那么，如何让文学史课堂成为一种有效的介质？笔者在教学过程中仍然感受到克服时差与视差的两重困难：一是需求不一；二是水平不一。

就第一点而言，随着高校扩招以及学生就业的多元化，上述"通识性"在本科教育阶段的需求可能会越来越大，渐渐超过"专业化"，当然，还得结合接受者所在的学校和学科层级具体考虑。在笔者就职的院系，保送本校或同级和更高水平的院校深造仍然是本科生的主流意愿，因此"专业化"始终是确保学生将来顺利进入学术共同体的基础。而对将来不打算加入"中国现代文学"这一学术共同体的学生来说，"通识性"对他们的意义或许更大。要同时满足"专业化"和"通识性"的需求，讲授者需要不断地调试，直至找到两者之间的平衡。

就第二点而言，一个常见的误区是认为"通识性"意味着降低讲授的难度，迁就绝大多数接受者的普遍水平。这其实是将"通识性"放在了比"专业化"较次一等的地位。这种误区极有可能是由于国内学术界近三十年来在人文领域十分强调规范化的学术训练所导致的某种副作用，即不经意间轻视了"中国现代文学"内在的"通识性"。事实上，要理解国民大革命、无政府主义信仰或旗人文化等似乎是文学史的"背景知识"之来龙去脉，并不比掌握结构主义或解构主义批评方法来介入文本更加容易。如何将自身水平深浅不一的接受者带入语境——无论是"专业化"的语境或是"通识性"的语境——在难度上其实并无分别。

笔者曾经就授课的难度与深度问题与几位同专业的青年教师进行探讨，他们的选择惊人地一致，即不会为了照顾大多数人的普遍水平而刻意"接地气"，反而会尽力将文学史教学维持在高水准，鼓励严密思辨与批判意识以及对学术前沿问题的探索。或许有人会质疑：这样做岂不是只迁就了所谓的优等生吗？难道文学史教学只为了"拔尖"一小部分人，让优秀的学徒们顺利加入学术共同体？笔者认为并非如此。所谓学术共同体，往往被误解为一种行会，但其实是闻道有先后、术业有专攻的学者群体，最常见的便是同一研究领域的学者们组成的充满争辩、协商、模仿与认同的松散团体。从根本上看，学术共同体可以理解为课堂和师生关系的延伸，是一个跨越时空的、虚拟的组织；而文学史课堂则是一个在同一时空的、实实在在的学习共同体。因此，文学史课堂教学的核心任务是带动不同需求、不同层次的接受者参与其中，以学术研究为方法和路径，但并不一定仅仅通往以学术研究为志业的方向。关键在于，传统课堂的授受关系需要改变。在学习共同体中，"教师并不是知识给予者，而是一个专家型的学习者"[1]，文学史课堂其实正是讲授者展示自己如何阅读、思考、阐释、研究文学史料与文学文本的过程；同样地，学生也不是被动的知识接收者，而是学徒型的学习者，重要的是效仿学习与研究的过程，而不以获得某种具体的知识性结论为目的。于是，文学史教学可以细分为如下几个层级：最基础的是文学史实；其上则是

---

[1] 赵健. 学习共同体的建构[M]. 上海：上海教育出版社，2008：84.

文学史如何叙述这些事件和作品；再上则是不同代际的研究者如何携带着自己时代的"现实生活"再度介入解读作品、更新文学史的叙述；最终乃是文学史课堂上的讲授者与接受者如何基于个体的"生命体验"和"文学感觉"理解和回应以上多重叙述。

就学习共同体的内涵来说，"它提供给学习者围绕共同的知识建构目标而进行社会交互的机会"，从而使"每一个成员从不同水平和不同角度加入围绕知识的合作、争论和评价中，并且从中获得来自他人的和人工制品的支持，在形成共同体的共识性知识的过程中确立自己的身份感"[①]。这并不是普遍意义上的教学相长，也不是通过组成学习小组互帮互助。学习共同体的重心在于代际和同辈之间的异质交互，在这一过程中，学习者不断更新自己的身份，成长为更成熟的、更有经验的学习者。因此，教师作为"专家型的学习者"提供示范，不仅不能放低标准，更需要在持续的教学中提升自身水准。《沧浪诗话》曰："学其上，仅得其中；学其中，斯为下矣"[②]，便是强调为学立志须高。至于不同需求、不同层次的学习者能够在文学史课堂上达至何种水平，讲授者不必刻意追求，实际上也不可能得到整齐划一的结果。理想的状态是"不齐而齐"，各有所获。

当然，以上仅是笔者从个人体会对文学史教学提出的一些尝试性的探索路径，至于具体的方法与实际的效果，还有待更多的教学实践来检验。

---

① 赵健. 学习共同体的建构 [M]. 上海：上海教育出版社，2008：24.
② 严羽，郭绍虞. 沧浪诗话校释 [M]. 北京：人民文学出版社，1983：1.

艾芜研究如何成为本科生—研究生的学术平台*

周 文

四川大学文学与新闻学院

在新时代"新文科"建设的背景下，随着高等教育的不断发展，尤其是本科教育逐渐成为基础教育，研究生教育不断普及的新形势下，探索本科生—研究生一体化（简称"本研一体化"）贯通式的人才培养体系成为诸多高等院校教育教学改革的重点内容。据统计，2017 年 35 所"双一流"建设 A 类院校本科毕业生超半数直接升学（有 4 所高校本科升学率甚至超过 70%），而留本校读研在国内升学学生中占比超过六成，"本硕连读"已成为"双一流"建设 A 类高校学生的主要发展途径。[1] 然而，教育教学改革的目标并非只是深造率的提高，而是要让学生成才，培养拔尖创新人才，为国家输送"高端人才"，这样才能完成国家创新体系建设赋予的"科学技术创新"的历史使命。四川大学中国语言文学学科具有悠久、辉煌的历史和优良的学术传统，在全国处于领先地位，在通识教育和贯通式人才培养方面已有不少尝试和探索。在新形势下，从培养制度上建立本研贯通的创新型中文专业人才培养体系成为学科深化教育教学改革的共识。中国语言文学是一门感性与理性结合的基础学科，大学本科教学的重中之重又在于专业基础知识的启蒙与普及，而要实现在悠久的文化传统基础之上的传承创新，需要从具体的作家作品入手，亲身接触、感悟作家作品独特的魅力，才能领悟学科精髓，产生学术兴趣。艾芜研究成为四川大学本科生—研究生的学术平台便是在上述背景下的一种积极探索。

艾芜（1904—1992），原名汤道耕，四川新繁人，曾被巴金称赞为是"中国最杰出的作家之一，也是家乡人民的骄傲"，[2] 他以《南行记》首创"流浪小说"，开拓新文学创作"边地文学"题材领域的先河，被认为是中国新文学史上流浪文学的开拓者之一，也因此获得"流浪文豪"的称号。[3] 以本科生为对象的教学在教授上述文学史基础知识的同时，还应重点引导学生对作为左翼革命作家的艾芜及其文学创作特殊性

---

* 本文系教育部基础学科拔尖学生培养 2.0 研究课题"本科生—研究生学习共同体研究"（项目编号：20212077）、四川大学文学与新闻学院 2020"立德树人"教学改革项目"学术沙龙在立德树人、培养学术兴趣、提高深造率中的运用研究"的阶段性研究成果。

[1] 史静寰，陈乐. 构建"本研一体""双一流"高校人才培养模式［J］. 中国高等教育，2019（01）：23—26.
[2] 巴金. 巴金全集（第 24 卷）［M］. 北京：人民文学出版社，1994：551.
[3] 廉正祥. 流浪文豪［M］. 成都：四川文艺出版社，1988：2.

的感知，进而突破学生对左翼文学"革命加恋爱"写作模式理解的误区，理解文学创作的丰富性和复杂性。如此一来，本科学生对艾芜及其作品的了解便超出了一般文学史的叙述，不仅有基础之"识"，亦有理论之"感"，从而生发重返历史现场探究文学史秘密的兴趣，进而产生学术研究的内在动力和参加本研一体化教学平台的积极性。那么，在实践操作中如何一步步实现上述目标呢？

一、丰厚的学术研究传统

艾芜作为四川籍作家，与川中文化界尤其是川大师生素有渊源：他与四川大学中文系创建者林如稷先生是多年好友；《艾芜研究专集》作为"中国当代文学研究资料丛书"之一，是当代最早的艾芜研究资料专辑，在艾芜生前就已出版，其编写者毛文、黄莉如是川大师生；毛迅、张放等川大师生多年来一直坚持研究艾芜、传承艾芜文学精神与文化。故而，艾芜研究成为四川大学中文系本科生—研究生的学术平台基于川大现代文学研究既有的优良传统。同时，在当下，传播天府文化魅力和发掘南方丝绸之路文化是新的学术热点。从四川到云南再到缅甸，在恶劣的环境下，艾芜始终坚持文学创作，用纸和笔以及一个用细麻绳吊着的墨水瓶，在小客店的油灯下，在野外的山坡上，写下自己的所见、所闻、所感。艾芜及其创作已成为天府文化和南方丝绸之路文化独特的文学魅力所在，四川省历史学会会长谭继和先生即表示，艾芜是成都"新四大家"（巴金、李劼人、艾芜、沙汀）的代表人物，对天府文化的传承与发展作了里程碑式的贡献，当前对艾芜的研究还不够，应该重新定位艾芜，发掘艾芜，用新的评价来认识艾芜在现代文学中的地位。特别是艾芜笔下的西南边陲文学与南丝路文学，体现了中国文化与南亚文化交流互鉴的乡愁。[①] 由此，对川大中文系的学生来说，艾芜及其作品便不只是书本上的知识，而是一种有着历史厚重感的文化传承，是他们理解文学与文化的难得契机和真正打开文学感悟力的文化窗口。

二、统筹协调的教学实践

作为本科生—研究生的学术平台，艾芜研究组织协调各方教学资源，策划系统有效且规范化的教学实践，为本研一体化制度建设提供了有效的参考案例。本科教学与研究生教学在很多方面存在较大差异，相较于本科教学，研究生教学在内容上显得碎片化，整体课程方案缺乏统一设计，研究生导师在不同领域深耕细作，研究方法路径等方面差异很大甚至相互矛盾。艾芜研究团队集合来自中国现当代文学、创意写作、新闻传播、戏剧影视、文化产业、中国现代文献学以及艺术学理论等各不同门类不同

---

① 艾芜：从南行苦旅到"流浪文豪"[N]. 华西都市报，2019-06-16（A5）.

学科的师资力量。构建贯通式和本研一体化的人才培养体系，不能简单将本研教学两者重合叠加，这样只会徒增学生学习成本和教师工作量，对学生成长成材并无实质性帮助；亦不能强行移植或照搬其他学科经验，方枘圆凿，扞格难操，导致探索失败。因此，在不干扰既定教学秩序的前提下，在尊重本科教学规律的同时尊重研究生教学规范，尊重各学科特点和发展规律，以问题为导向，展现不同学科解决问题的不同方法与路径，在"众声喧哗"中为学生呈现一个本真的学术生态，将选择权交给学生，让他们逃脱被动选择的"命运"，真正投入一项研究并将其当成自己的事业，成为行业精英或领军人才。以艾芜研究为例，同属中国语言文学一级学科下的二级学科创意写作与中国现代文献学就存在明显的差异——创意写作虽不直接培养作家，但对学生写作能力有较高要求，将文学性写作拓展到包括社会、政治、经济、文化、商业、媒介等在内的所有创意文本写作的大文创领域是创意写作学科组织教学的一个具体目标；中国现代文献学则侧重资料的收集整理，培养学生文献收集与考证的能力，俗称"要坐冷板凳"。艾芜研究团队一方面带领学生参与打造艾芜文学小镇，策划艾芜书吧，开展文化艺术创作、乡创市集、民俗体验、文艺演出等活动；另一方面在"纪念艾芜诞辰115周年暨'艾芜与文化中国'国际学术研讨会"开幕式上，华东师范大学教授、著名文献学家陈子善委托中华文学史料学学会常务副会长刘福春向艾芜纪念馆捐赠两份珍贵文献，陈子善教授在相关说明中讲述了这两份文献的来历，文献中艾芜谦逊的言辞和对左拉活动严肃认真的态度又再一次感染了众人。艾芜研究作为一个多学科本研一体化平台，其人才培养体系建设的路径并非凌驾于各学科的特性之上，而是强调组合出一种所谓"整体性"，以实践、问题为导向，为学生呈现或还原真实的学术生态，从而让学生领悟文学世界的丰富性和复杂性，具备独立思考和判断的能力，结合自己性格特点和兴趣爱好，选择未来所欲从事的研究或毕生追求的事业。

为国家培养"精英型、特色型、研究型"的拔尖人才是四川大学文学与新闻学院本研一体化教育教学探索的目标和追求，学院以"双一流"学科建设为契机，协调各部门密切配合，探寻整合打通本科、研究生两个阶段课程体系的有效连接点。以本科生毕业论文为例，因相关学术活动的展开，艾芜研究吸引了2019、2020届众多本科毕业生的注意，他们围绕"艾芜研究"撰写本科毕业论文，并取得了不俗的成绩。2019届毕业生王奕朋带着强烈的学术好奇心，以当代大学生的眼光探索"艾芜为何要南行"？最终以《为何南行——艾芜南行原因新探》为题撰写本科毕业论文，不仅顺利毕业，而且成功保送本校中国现当代文学专业攻读硕士研究生，后又得以直接攻读博士学位，目前博士二年级在读。2020届毕业生李伊湄同样被艾芜传奇的文学经历吸引，将本科毕业论文题目确定为《艾芜与他的三次"南行"》。与王奕朋一样，在学术兴趣的驱动下，李伊湄也展现出持续的学习能力和强烈的探究精神，目前正在攻读硕士学位，并计划申请出国攻读博士学位。

三、跨学科的交叉融合实践

中文学科作为基础学科，在"新文科"建设中如何真正实现交叉融合并推进学术话语和研究范式的更新，其中的关键是教育教学平台的建设。为进一步深化新文科教学体系，建构交叉融合、多学科协同的育人机制，艾芜研究团队特从北京邀请资深话剧导演方旭来川大指导学生社团雷雨话剧社，尝试改编艾芜经典短篇小说《南行记》。在方旭导演多次亲临指导、亲身示范的努力之下，由四川大学文学与新闻学院学生自编自演自导的话剧《南行记》于 2019 年 6 月 11 日在新都一中上演，观众反响热烈。看完话剧，有观众感慨道："千帆过尽，艾芜笔下写出的那个奇诡、残忍、穷困的世界里，仍于字里行间透出温情、悲悯，因为他不再是个局外人，他就在局中。局外人可以冷眼旁观、抒发感情，局中人却只有常含热泪、互相体谅。"[①] 川大文学与新闻学院的同学们以高度的热情和坚定的信念，在课余时间辛苦排练，剧本八易其稿，在此过程中，他们对文学的感悟、理解以及对文学创作的热情得到了极大的提高。他们不仅获得了知识与能力，也在与经典的邂逅中感受到了非凡的智慧，洞见到了深邃的思想，品味到了艺术之美、人文之善和科学之真。艾芜研究作为本研一体化的学术平台，其团队充分调动电影、电视、话剧等各种文化资源参与到教育教学中来，对学生领悟文学经典的能力起到显著的唤醒作用，进一步激发了学生的学术兴趣，鼓励学生就感兴趣的学术问题进行探索和研究。在他们的努力下，雷雨话剧社编剧苏玥祺同学更坚定了求学深造之心。

四、国际前沿的学术实践

通过积极推动本科生、研究生直接参与艾芜国际学术会议、高端论坛等活动的筹办，更多学生被吸引并加入艾芜研究这个本研一体化的学术平台。无论是本科生还是研究生，学生们都可以成为会议的参与者和组织者，这对他们理解当代学术及其运行方式非常有帮助。值得一提的是，2019 年 6 月 11 日，在艾芜 115 岁诞辰即将到来之际，由中国现代文学研究会、中国作家协会创作研究部、四川省作家协会、四川大学主办的"艾芜与文化中国——纪念艾芜诞辰 115 周年暨第一届国际学术研讨会"在新都区举办。来自韩国、新西兰、加拿大、苏丹等国家和全国高校及热心艾芜文学研究的 100 余位专家学者齐聚新都，在艾芜的故乡，通过主题分享、学术讨论、实地调研等形式表达着对这位"流浪文豪"的崇敬与怀念，诠释艾芜文学的时代价值和现实意义。这场大型国际学术研讨会以"艾芜与文化中国"为总主题，包括主题演讲、大会

---

① 艾芜：从南行苦旅到"流浪文豪"[N]. 华西都市报，2019-06-16（A5）.

学术讨论、分组学术讨论等诸多环节，它的组织则主要由川大本科生和研究生在老师的指导下完成，在这一过程中，学生不仅参观了艾芜的出生地——新都区清流镇那座竹林流水环抱的农舍，还登上了国际会议的讲台，与来自世界各地的专家学者就艾芜与20世纪中国思想文化以及他开创的南丝路文学等进行研讨。

在艾芜研究系列学术活动的影响下，本科生对学术研究的兴趣不断高涨。以"大学生创新创业训练计划"（简称"大创"）为例，2019年有两项以艾芜及其作品为研究对象的大创项目立项，分别是以李佳星同学为负责人的《艾芜〈南行记〉风景叙事研究》、以税予同学为负责人的《芜杂的南行——〈南行记续篇〉文本问题及其成因研究》。通过课题研究，高年级本科生可以在读研深造之前积累学术研究的实践经验，具备一定的学术实践能力和学术思维能力，为下一步的学习深造奠定良好的基础。

五、规范的院地产教融合实践

艾芜研究成为本科生—研究生的学术平台是四川大学文学与新闻学院同艾芜家乡政企院地产教融合的结果。早在2018年，在原有合作的基础上，由毛迅教授领衔的创意写作中心在成都市新都区清流镇"文创园"设立实践基地，学院党委书记古立峰教授与艾芜家乡政企代表共同出席授牌仪式，双方就共同举办"艾芜国际文化周"以及创建"艾芜文化小镇"等事宜达成合作共识。艾芜研究平台为在校大学生提供实习、实践及拓展训练的同时，还与清流镇共同举办"国学讲堂""艾芜讲堂""大学生读艾芜"等系列活动，传承艾芜文学精神，让学生实际参与到乡村经济振兴、社会振兴、文化振兴和生态文明振兴等社会文化实践活动中来，推动传统学科对社会发展的深度介入，进而培养地方文化发展所急需的人才。

"艾芜讲堂"诚邀世界各地著名学者为川大学子开讲，在疫情期间，该讲堂亦不曾间断，采取线上线下相结合的形式持续国际学术交流；"艾芜读书会""大学生读艾芜"等活动在全国大学生中初具影响力。2020年，四川大学本硕博学生共同组织的"艾芜读书会"在艾芜故乡清流镇召开，读书会上，川大师生与北京师范大学、西南大学的教师及本硕博学生进行了连线，三校师生就艾芜及其文学创作展开了探讨。对学生们来说，这次读书会是一场难得的学术交流机会，使他们获得了可贵的学术体验。

艾芜研究团队在本研一体化建设、创新型人才培养体系建设方面虽然做出了一些积极的探索，但也必须认识到，目前本研一体化培养仍面临诸多挑战，如课程体系一体化难、教学科研一体化难、基础知识学习与创新前沿探索平衡难、理论思辨与审美感受平衡难，等等。这些实际存在困难的解决办法不是唯一的，人才培养体系的原则应建立在学科特点的基础之上，教学改革的思路也必须遵循学科发展的规律。文、理、工、医各学科对创新型人才的需求不同，其培养体系自然会有差别。目前，相关的教育教学探索很多，如"跨学科－贯通式""探究式－小班化""全过程考核""教研一体模式"等，这些探索在整合教育资源、统筹课程安排、协调科研实践，打通本科、硕士、博士各培养阶段综合培养创新型人才等方面都有不少经验可资借鉴。艾芜研究成为本科生—研究生的学术平台不是对其他学科实践的盲目借鉴，而是基于中国语言文学学科特点的探索与尝试。实践证明，这种探索是成功的。探索符合自身学科特点和发展规律，培养国家需要的创新型人才和地方发展急需的精英人才一直是四川大学文学与新闻学院本研一体化教育教学改革建设的核心内容。

沉浸式教学在"新文科"建设中的应用探索

戴莹莹　冷加冕

四川大学文学与新闻学院

2020年4月20日,教育部办公厅发布《关于启动部分领域教学资源建设工作的通知》,其中提到:"为深入贯彻全国教育大会精神,全面落实新时代全国高等学校本科教育工作会议精神,推进'四新'(新工科、新农科、新医科、新文科)建设。"[①]"新文科"以"厚通识、宽视野、多交叉"为目标,以"聚焦问题、跨越学科"为宗旨,以文、史、哲、政、经等专业为基础,提倡文、理、工、医相关专业之间的融合汇通,推动人才培养内容和培养模式的更替改革。"新文科"概念提出之后,学界对它的内涵、特征、理念与设计等做了多方面的探讨。但是,其中大部分探讨集中在培养目标、培养内容、培养模式、学术研究和创新等内容,对课程模块、教学组织环节等内容探索较少。本文拟从沉浸式教学的角度,探索"新文科"建设与实践中课堂教学环节的相关问题。

一、"沉浸式教学"的理论基础与实践案例

作为一种心理学理论,"沉浸理论(Flow Theory)"最早是由美国心理学教授米哈里·契克森米哈赖(Mihaly Csikszentmihalyi)提出的。他用"flow"一词来表示"沉浸",并将其视作日常生活中的最优体验(optimal experience),即一个人完全沉浸在某种活动当中,无视其他事物存在的状态。[②] 要达到这种最优体验状态,所需的要素有八项:"首先,这种体验出现在我们面临一份可完成的工作时。其次,我们必须能够全神贯注于这件事情。第三和第四,这项任务有明确的目标和即时的反馈。第五,我们能深入而毫不牵强地投入行动之中,日常生活的忧虑和沮丧都因此一扫而空。第六,充满乐趣的体验使人觉得能自由控制自己的行动。第七,进入'忘我'状态,但心流体验告一段落后,自我感觉又会变得强烈。第八,时间感会改变——几小

[①] 教育部办公厅. 教育部办公厅关于启动部分领域教学资源建设工作的通知[EB/OL]. (2020-04-20)[2022-12-12] http://www.gov.cn/zhengce/zhengceku/2020-04/20/content_5504355.htm.

[②] 米哈里·契克森米哈赖. 心流:最优体验心理学[M]. 北京:中信出版社,2017:26. 张定绮先生将"flow"译为心流,"flow theory"则是沉浸理论,指的是该美国学者提出来的理论。

时犹如几分钟，几分钟也可能变得像几小时那么漫长。"① 他认为，在最优体验出现时，这八项要素或多或少都会出现。这种沉浸体验，是学习和工作的"最优体验"，能让人在产生兴趣的基础上进行深入探索，甚至将兴趣转化成志趣，从而进一步激发学习者的主体性，变被动学习为主动学习，变偶然学习为持久学习、终生学习。

近年来，文化传播和教育学等领域开始尝试引入沉浸理论。在教育学领域，教师通过语言、文字、图像、视频等外部条件，营造出一个相对稳定、积极有效、具有感染力和引导力的学习环境，激发并保护学生的学习兴趣、内在动机和创新创造活力，使学生获得知识、能力、价值等各个方面的综合提升。有学者指出，"沉浸式教学"是一种教学方式，它"将主体置于良好的文化环境之中，关注学习活动和过程本身，激发内部驱动力，从而使学习者获得认知、行为和情感等层面的全面发展"。②

较早使用沉浸式教学方式授课的是加拿大魁北克省蒙特利尔郊区的圣兰伯特学区。1965年，他们以沉浸式教学方式开展试验性教学，试验时间从幼儿园一直延续到高中，其结果是与试学生的整体表现优于其他同龄人。试验成功后，该经验被其他国家相继借鉴。加拿大圣兰伯特学区试验的沉浸式教学方式，其理念与心理学上的沉浸理论并无先后影响关系，而是基于第二语言习得理论来开展的，"根据教学时间的多少分为完全沉浸、部分沉浸、继续沉浸、单向沉浸、双向沉浸。"③ 中国教育学界对沉浸式教学理论也进行了一些研究，如研究初中语文沉浸式教学的沈坚团队，他们根据教学预期达到的状态将沉浸式教学分为自然式沉浸、目标式沉浸、情境式沉浸、探究式沉浸、激励式沉浸。④ 虽然教学背景不同，但是中外教育学界对沉浸内核的把握是相通的，他们都认为沉浸与人的认知范畴相关，不仅注重学习者学习环境与氛围的创造，而且注重学习者内在行为的刺激、引导与转化。

在探究沉浸式教学在"新文科"的建设中的具体应用方法时，我们需要抓住教学方式与教学对象之间的适配性，如此，方能实施有效教学，并最终助力"新文科"课堂和课程建设。

二、"沉浸式教学"：新文科建设的课堂改革需要

"新文科"提出的目的是激活文科的功能与活力。"新文科的发展，要以文化自信为指导，即文化自信基于文化底蕴和文化胸怀，激发出文化创新创造活力，是推动新

---

① 米哈里·契克森米哈赖. 心流：最优体验心理学 [M]. 北京：中信出版社，2017：126. 原文第三点和第四点结合在一起讨论，此八点内容是根据原文提炼而来。
② 沈兆正. 沉浸式教学与民俗文化的学校教育传承之路 [J]. 教学与管理，2020（36）：18-22.
③ 蔡雅薰，陈鹏妃，赵日彰. 中文全浸式师资专业成长培训模式之建立——以台湾华裔青年短期密集班华语教师为主 [J]. 中原华语文学报，2012（10）：28-30.
④ 沈坚. 初中语文"沉浸"式教学研究 [M]. 苏州：苏州大学出版社，2010：5-6. 原文每点皆有论述，此处只提取要点。

时代文化多样化发展的重要因素。新文科归根结底就是要发现、表达、传播、挖掘、保存和创新文化。"① 这种功能和活力，除了要体现在培养目标、培养内容、培养模式、学术研究和创新等方面，还应该体现在课堂教学层面，具体表现为：如何让文科的课堂更具有文化性、开放性、跨学科性，如何处理好专业体系、知识模块之间的衔接问题，等等。

　　课堂是实现新文科建设实践的重要场地，适应新文科理念，需要找到一条合适的课堂教学之路。作为教学对象，高校学生已经具备了丰富的经验和知识，高校的学习是为了促进其既有知识、经验的建构与完善。但是，高校的授课模式仍然以教师讲授为主，学生的参与度并不高。在教学反思之中，课堂教学应当成为主要内容，并且着力改善。一般认为，课堂教学过多地依赖教师的讲述，没有充分发挥学生的主观能动性，这是学生参与度不高的症结所在。在过去的一轮教育教学改革中，高校广泛开展翻转课堂教学，希望以此最大程度地推动学生自主学习，让课堂变成教师和学生之间交流互动的场所，促进学生的深度学习和自我思考。如华中师范大学就进行了文科课程的翻转课堂教学实验，"有效教学"教育学课程实验结果表明，在学习氛围、学习动机、认知学习结果、自学习惯养成等方面，翻转课堂教学都取得了优于传统教学的效果。翻转课堂教学模式激发了学生学习的主动性，提升了学习氛围，改善了师生关系，促进了学生对知识的深度理解和迁移应用，提升了学生自主学习能力和交流合作的能力。② 但是，因为各种主客观条件的影响，学生的学习效果良莠不齐。如果学生准备不够充分，师生配合不够完善，课堂甚至会出现"翻车"现象，大大降低教学质量。因此，从某种程度上说，翻转课堂教学是重要的课堂教学改革内容之一，但不是唯一。在新的形势下，寻找新的课堂教学模式，寻找适合文科的课堂教学模式，是高等学校教育教学改革的迫切任务。

　　从外部而言，由于文科、理科、工科、医科的学科性质不同，其教学目标、教学方式、教学效果自然也不同。从内部而言，文科包括哲学、文学、历史学、艺术学、教育学、经济学、管理学、法学等八个门类，前四个属于人文文科，偏重于基础知识传授和人文素养涵育；后四个属于应用文科，偏重于知识应用和实践推广。各个学科在教学目标、教学内容上存在"先天"差异，教学方式也各有不同。可想而知，高校在组织文、理、工、医跨学科教学时将会面临诸多差异和困难。因此，如何破除文科内部、文科与其他学科之间的壁垒，切实找到各个课程之间的连接点，有效刺激学生既有经验，完成新旧知识的融会贯通，自然地实现跨学科交流和沟通，探索具有可行性、操作性和推广性的课堂教学方式，是实现"新文科"教学的重要内容。

　　沉浸式教学以教师为引导，以学生为主体，学生通过教师展示的语言、文字、图

---

① 周毅，李卓卓. 新文科建设的理路与设计［J］. 中国大学教学，2019（06）：52－59.
② 蒋立兵，陈佑清. 高校文科课程翻转课堂有效性的准实验研究［J］. 中国电化教育，2016（07）：107－113. 本文举例部分根据论文第三部分"实验结果"概括而来。

像、影音等内容，在多媒体、数字化、虚拟现实技术（简称"VR技术"）等营造的虚拟环境中，完成既有认知经验与新知识的碰撞冲击和融会贯通，甚至产生情感的激荡而达到共情的状态。

首先，教学主体以学生为主。沉浸式教学引领学生进入教师构建的课堂环境、文化氛围，充分调动既有的认知，展开思维活动，获得新体验，加工新信息，从而完成新课程的学习和新的知识体系的构建。

其次，教学内容和方式具有开放性。为了更好地营造时空环境，教师需要最大程度、最大范围地利用各个学科相关的知识，这种知识会远远超过大纲规定的教学内容，具有无限的开放性。同时，为了更好地达到教学效果，教师也必须充分发挥自己的语言优势，并借助多媒体、数字化、VR技术等先进技术组织教学。

最后，教学成果具有较强的生成性。课堂的生成性成果是有效教学活动的重要评价标准之一。传统文科课程很容易以接力棒式的方式进行，但沉浸式教学可以在师生的互动过程中产生生成性成果。学生在课堂上学到的知识，一部分是教师传授的，一部分是通过思考、感悟获得的。在以审美为主的沉浸式文科课堂上，学生通过思考、感悟所获得的内容远远多于教师传授内容，如对传统文化产生的情感与认知，对自我价值的判断与认知等。

在沉浸式教学课堂中，教师通过较长时间的精神世界的体验与感受，让学生充分接受相关领域不同学科知识与文化的浸染，看到新旧知识、信息、经验之间的内在冲突，发现问题，解决问题，逐步建立起自己的知识结构、学科能力与价值观念。这既符合新文科教学内核中教学方式改革的要求，也符合培养新时代人才的要求。

三、沉浸式教学在新文科建设中的尝试

互联网时代，信息呈爆炸式发展，科学与技术日新月异。这对新文科的建设与发展而言，既是机遇也是挑战。当今社会功利主义和庸俗文化潜滋暗长，外来文化亦不断冲击和渗透传统文化，这些都给人文学科的发展及教师的教学带来了巨大的挑战。教师不仅要立足传统，坚守人文学科的核心内涵；还要适应新的时代和环境，改变旧的观念，不断挖掘传统文科的时代价值，找到合理、有效、可行的教学方式，从而吸引处于复杂文化现实语境中的青年学生。沉浸式教学以教师为引导，以学生为主体，旨在继承传统课堂教学的精华，借助科学与多媒体技术，多维度地为学生创造良好的沉浸环境，适应新形势下新文科的发展。

（一）艺术化的语言：传统课堂教学的精华

语言是传递信息的最主要的途径，有效的、艺术化的课堂教学语言有助于构建沉浸式的教学环境，提升学生的学习效率。即便是在新文科的理论背景之下，我们仍然

不能忽略教师的课堂语言表现力所产生的影响。教师在传统课堂教学中所扮演的引导者和建设者的角色仍然需要保留。在沉浸式教学的课堂环境之中，教师语言并非仅仅作为传递信息的载体，它还需要具备艺术审美的特质，具有形象性、感染性、启发性等特点。

形象性是指教师能够结合学生既有学习经验，将深奥的学科知识以通俗、生动、有趣、艺术的语言完整呈现出来，做到有声有色、形神兼备。举例来说，中国古典诗歌年代久远，学生在理解、阅读、鉴赏古诗时往往有难以跨越的陌生感。四川大学王红老师主讲的"中国诗歌艺术"是为非中文专业学生设计的文化素质公选课，该课程自1996年开设，至今已有25年。王红老师从学生的审美标准和日常经验出发，用艺术的语言和多媒体技术营造出诗意的学习氛围，帮助学生学习中国古典诗歌的基本常识和相关人文知识，涵养性情，滋润心灵，提高学生的诗歌阅读能力和审美能力，启发学生体会、感悟中国诗歌的独特魅力，引领学生领悟中国古典诗歌传递的文人精神。

感染性是指教师语言中饱含真挚的情感，具有张力和表现力。所谓"情动于中而形于言"，指的是教师通过语言表现出对教学内容的充沛情感，有效引导学生对课程知识的喜爱和学习。王红老师在讲授"走近杜甫"一课时曾经说道："不仰望，不拔高，不繁琐考据，不过度阐释，不遽下断语，试与同好一起穿越千年，走进唐代，走近杜甫，了解这个人，细读他的诗。"[①] 王红老师穿越千年，走进唐代，走近杜甫，将杜诗背后的民胞物与、悲天悯人之情，老病漂泊、日暮途穷之忧渲染得淋漓尽致，将杜诗中的壮怀、激情、爱恋、不甘等情绪充分地呈现给学生，给学生勾勒出一个全新的、血肉丰盈的杜甫，引导学生感受诗歌与历史、人生交织下百川融汇的渊流。盛世风华，乱世沧桑，人间歌哭，深仁大爱，尽在王红老师的讲述之中。这种教学语言无疑是有温度、有力量、有感染力的。

启发性是指教师能够用语言为学生指明学习的方法、方向，培养学生的独立自主性和创造性，引导学生更好地体验、感悟传统人文学科的魅力。启发性主要表现在师生互动的环节之中，其主要内容是问题式导学、激励式追问、引导式评价、观点辨析等。以四川大学通识教育核心课程"生命哲学：爱、美与死亡"为例，这门课的任课教师来自哲学、化学、艺术学、医学、传播学、社会学、经济学、政治学等十余个领域，首先由化学系教师从生命的腺体角度入手，讲生命的最小分子；再由医学系教师讲生物有机体在医生眼中的价值和意义；然后引导学生在社会学、政治学、传播学、经济学等不同领域的不同视角下探讨生命的哲学，人类的生产生活，人类如何爱、发现美、面对死亡等话题；最后对上述话题进行提炼、总结，并引入哲学、宗教学和艺

---

① 师说絮语｜"走近杜甫"：期待读出一个人间的杜甫［EB/OL］.（2018-10-22）［2022-12-12］. https://www.sohu.com/a/270428547_323819.

术学等人文领域的知识，让学生全身心地体验、感悟、思考什么是生命的哲学。

（二）多媒体技术的运用：跨学科教师"会课"

多媒体技术是常用的教学辅助工具，其融声音、图像、文字等于一体。无论是课前、课中还是课后，有效利用多媒体技术，不仅可以扩大课程的信息量，还能弥补课堂教学图像、影音展示的不足，强化语言构建的沉浸式教学氛围。同时，互联网技术的"加盟"，使教学资源的获取具有更强的及时性和针对性。

在新文科建设的大趋势下，跨越学科、聚焦问题成为通行的教、学、研方法，以整体性、跨学科的视野和聚焦问题的探究式模式，让文科教学形成了"开放、包容、厚重、大气"的文化特质。但是，目前能达到这种教学目标的教师却不多。教学过程中，充分运用多媒体技术，将更多的教师"请"进课堂，达到多学科、多领域教师"会课"的效果，从而有效地实现不同学科之间的对话，形成知识、信息、学科的跨越式沟通与整合。学生只有跨越理解的距离，才能身临其境地体验、感悟新知识，从而产生形象思维活动，进而进入理性思维、逻辑思维等更高的层次，实现认知的深化。

"中华文化"是四川大学为文、理、工、医等不同领域的学生开设的校级必选公共课，自 2005 年秋季开设以来，在校内获得了持续的好评。该课程的主讲教师分别来自文学、历史学、哲学、艺术学等专业，课程因此分为文学篇、历史篇、哲学篇、艺术篇等，旨在培养、提高学生的人文素养。笔者主讲该课程时就尝试打破既有的学科体系，聚焦区域、聚焦问题，以敦煌文化等区域文化为切入点解码中华文化：先以敦煌为切入点，全面介绍敦煌文化的"前世今生"；再以"敦煌文化"为出发点，尝试实现文学、宗教、历史、考古、艺术等学科之间的融会贯通。敦煌的石窟、彩塑、壁画、遗书、音乐、舞蹈作为珍贵的历史文化遗产，引起了全世界学人的高度关注，在中华历史的长卷中写下了光辉的篇章。对于相对不擅长的领域，笔者选择了在课堂上播放敦煌研究院专家、国内外学人、世界各大图书馆、博物馆的解说视频代替教师讲解，辅以小组讨论、戏剧表演等内容，尝试将教学置入历史和敦煌的场景中，营造出一种在丝绸之路、敦煌莫高窟的现场感；展示敦煌的文化，让学生在欣赏石窟、彩塑、壁画、遗书、音乐、舞蹈的同时，感受厚重的中华历史和中华文化，激发学生从故土出发的寻根与创新之旅，从而得到沉浸式的教学体验。

（三）形式的开发：课程学习与人生体验的融合

近年来，创新课堂形式成为高校大部分师生的共同追求，也出现了很多成功的案例。课堂形式的开发，不仅有利于教师传授知识、引导学生，也有利于学生更好地接收知识，将所学、所得与人生体验相融合。教与学相得益彰，师与生皆有所获。具体来说，教师应注重开发课堂教学的不同形式，引导学生开展多种多样的课堂展示，如角色扮演、短剧表演、诗文朗诵、历史故事演绎等。多种多样的课堂展示一方面可以使学生更加深刻地理解课程内容，诠释文化精神，实现课程学习、人生体验和文化传承的有机融合；另一方面，课堂展示比教师语言讲解、多媒体视频播放等更加具有吸引力，可以使学生快速有效地进入表演者营造的氛围里，在沉浸的状态中完成体验与提升。例如，四川大学丁淑梅老师、杜建华老师和四川音乐学院戴茹老师、四川艺术职业学院肖德美老师合作开设的"琴韵剧谭"慕课课程，改变了传统慕课由一位教师授课的模式，以访谈、对话的方式展开授课，课堂氛围既轻松又有文化韵味。在讲到"川剧角色行当"时，身兼戏剧表演者和教学者双重身份的肖德美老师，不仅运用四川方言讲解相关知识，还亲身示范《逼侄赴科》（川剧）、《小桃红》（川剧/昆剧）、《访友》（川剧高腔）、《琴房送灯》（弹戏）等剧目，并讲解戏剧表演的"四功五法"。川剧名丑苏明德先生演绎的《裁衣》、李乔松老师表演的川剧胡琴戏、灯戏《王婆骂鸡》，特色鲜明，吸引力强，让学生通过现场观看戏剧作品体验专业戏剧的风采，感受中国传统戏剧文化的无限魅力。

课堂教学借助这样多元的方式，让学生根据资料参与、见证、解构、重建历史现场，开拓学生的思维和视野，激发学生的创造力和实践力，改善传统文科课堂的理论性、知识性、研究性过强，实践性、探索性、应用性不足的现状，具有重要的探索价值和意义。

（四）科技创新：人文学科教学的新机遇

"新文科是后工业时代基于知识高度综合化、信息化、数字化的一种文科知识生产与再生产的新形态，是文科知识规训的新模式、新手段。"[①] 将计算机视觉、智能通信技术、3D触感算法、光线追踪、位置感应等高新科技运用到文科教学尤其是传统文化教学的建设、改革与创新上，既可以充分展示传统文化和人文学科的丰富内涵和时代特色，也可以丰富、创新文科课堂的教学内容和教学模式，拉进学生与传统文化的距离，给其带来沉浸式的文化体验。

将科技引入传统课堂，可以打破传统课堂的时间和空间限制。一方面，数字化图书馆、博物馆等资源，以及利用计算机生成与创建出的虚拟环境，不仅可以建构沉浸式体验环境，为师生带来更多的视听体验，创造知觉感受空间，还可以极力从时间和空间两个维度拓展课堂，让学生仿佛置身于广阔的历史、宇宙之中，对文化、文学、艺术等有更深刻的体悟。另一方面，多学科专家"会课"可以极力挖掘课堂的深度，让学生聚焦问题，强化学习和认知的厚度。举例来说，以往文学、历史、艺术、宗教等学科的教学课堂往往需要大量的图片和视频做辅助。但我们如果将数字化博物馆、

---

① 权培培，段禹，崔延强. 文科之"新"与文科之"道"——关于新文科建设的思考[J]. 重庆大学学报（社会科学版），2021，27（01）：280-290.

虚拟博物馆、VR全景博物馆等引入课堂，便可以让学生借助电脑、手机等设备，近距离地接触和观察文物，在3D环境下体验古人的文化生活。笔者在教授"中华文化"课程时将敦煌研究院"数字敦煌"等资源引入了课堂。"数字敦煌"本是敦煌研究院的虚拟工程，旨在将敦煌石窟、彩塑、壁画等数字化，满足人们的观览需求。在"中华文化"课堂上，笔者带领学生用手机"云游"敦煌，营造出一种在敦煌莫高窟的现场感，并结合文学、历史、宗教、艺术等学科内容加以讲解，让学生在欣赏敦煌石窟、彩塑、壁画、遗书、音乐、舞蹈的同时，感受到厚重的中华历史文化，激发学生从故土出发的寻根与创新之旅。

借助新技术，教师一方面可以打破传统课堂教学的时空限制，将教学的空间无限延伸；另一方面也可以赋予课堂更真实、更愉悦的体验环境，有利于沉浸式教学的开展。新文科建设应该在立足传统课堂的基础上，更多地借助新技术，推动科学技术与文化教学、传播、普及的有效结合，改善文科课堂的教学模式。2021年初火爆全国的舞蹈《唐宫夜宴》便是通过5G和VR技术让虚拟场景和现实舞台相结合，实现传统文化与现代科技的完美结合。该舞蹈不仅再现了大唐仕女的形象，也让观众们一览妇好鸮尊、莲鹤方壶、贾湖骨笛、《捣练图》、《簪花仕女图》、《备骑出行图》、《千里江山图》等国宝的"芳容"。这样的创新之举，无疑给传统文化的教学开拓了新思路。教师也可引导学生利用新技术，借鉴《如果国宝会说话》等节目的思路，让学生自己参与设计、操作和展示等各个环节，"让静止、抽象的文物'动起来'，让传统文化'活起来'，实现传统文化教学的情景化、直观化和立体化，对学生产生感官刺激"[①]，从而激发学生的学习兴趣和志趣。

课堂之外，学校应积极建设相关的文科高科技实验室，将课堂教学移至虚拟环境更好的现代化实验室中。早在2006年，基于对文科创新型人才培养模式和实验教学体系建设的前瞻性思考，四川大学文学与新闻学院就充分利用学校文科优势建成了文科综合实验中心。十年后，学院充分发挥多学科交叉融合优势，继续搭建人文艺术与新媒体、文化传承与创新等实验平台。实验平台下设新媒体创意实验室、CAVE沉浸式影视实验室、大数据技术实验室等分实验室。"CAVE投影系统在空间场景的表现上就具有天然优势，其360度全方位投影是以计算机图形学为基础，把高分辨率的立体投影显示技术、多通道视景同步技术、三维计算机图形技术、音响技术、传感器技术等完美地融合在一起，从而产生一个完全沉浸式的虚拟时空环境……CAVE系统中观赏者可以在场景中漫游，当观众在其中移动时，其所观察到的空间场景内容也会随着观众的移动方向产生同步的变化，实现移步换景、柳暗花明、境外有境的时空绵延之感。"[②]学院一方面利用CAVE沉浸式投影系统等现代数字技术和实验手段，把

---

① 包盈. 高校汉语言文学教学弘扬中华优秀传统文化的分析[J]. 长江丛刊，2020（36）：59−60.
② 王妍，段晓卿，欧剑. 沉浸式虚拟水墨山水意境——一种基于CAVE投影系统的山水画创作方法[J]. 文艺评论，2014（09）：72−76.

中华文化融入现代数字媒体形态中，进行传播和创新研究实验；一方面邀请国内一线VR公司、学者参与建立相应的沉浸式VR全息影像系统，对收集到的图片、影像进行修复、拼接，模拟成三维立体图并创建多个虚拟场景。将课堂教学移至实验室，师生便可结合VR技术，在沉浸环境中感受传统文化、艺术，与历史中的人物形象面对面交流，感受历史真实场景。

四、结语

"新文科"是高校推进文科教育教学改革的新路径，是国家面向未来推进传统文化现代化教学、传承的重要方式。体验以共情，浸染以深化，熏陶以升华。沉浸式教学以教师为主体，以学生为主导，继承传统课堂语言教学的精华，借助科学与多媒体技术，从多重维度为学生创造良好的沉浸式学习环境，旨在打破文科内外的学科壁垒，加强学生知识、能力的培养，提升学生文科的综合素质与创新思维，培养学生正确的历史观、文化观和价值观，在当下的高等教育改革中具有重要的应用价值和探索意义。

高校辅导员的学术辅导与本科生的核心竞争力提升[①]

胡余龙

四川大学文学与新闻学院

在常见的认知里，本科生学术能力培养似乎跟高校辅导员没有太大关系，这往往是专任教师的职责。相关的研究成果通常聚焦于辅导员如何规划学术发展道路、高校怎样建设"研究型辅导员队伍"，很少讨论辅导员为本科生提供学术服务的问题。随着"三全育人"理念的不断推广，科研育人愈发受到中国高等教育界的重视，加之辅导员学历的普遍提升，人们逐渐认识到高校辅导员同样能够对本科生开展学术辅导，帮助本科生提升核心竞争力，高校辅导员对学生开展学术辅导的能力也渐渐被认可。高校辅导员在完成思想政治教育工作的基础上，能够跟专任教师共同为本科生提供学术服务，帮助本科生提高核心竞争力。本科生的核心竞争力是支撑他们在激烈的社会竞争中脱颖而出的主要质素，包括学习规划能力、思想政治素养、学术研究能力、为人处世能力、自我表达能力等，其旨归还是启发本科生获得德智体美劳全面发展。其中，学术研究能力是本科生核心竞争力的重要组成部分，它在相当程度上影响着其他核心竞争力的养成，再加上本硕博贯通式培养成为当今中国高等教育的重要发展趋势，因此，越来越多的人主张尽早带领本科生迈入学术研究领域，将其纳入学术队伍，而不是等他们进入研究生阶段以后再专门对其进行系统的学术训练。在此种情形下，探讨辅导员的学术辅导与本科生的核心竞争力提升之间的内在关系，阐释辅导员对本科生开展学术辅导的路径、意义与目标，很有必要。

一

按照一般的看法，辅导员的工作范畴往往包括思想政治教育、心理健康教育、学风学业建设、就业升学指导、各类评奖评优、寝室安全卫生等，学术辅导通常不会被纳入其中。这种现象不仅存在于中国高校中，也存在于国外高校里。"过去在美国高等教育领域，学术事务与学生事务是一组相对概念，美国的学生事务是从学术事务中

[①] 本文系教育部基础学科拔尖学生培养2.0研究课题"本科生—研究生学习共同体研究"（项目编号：20212077）、2022年四川大学研究阐释党的二十大精神专项课题"中华优秀传统文化传承与高校思想政治教育的有机结合研究"（项目编号：esdzx11）的阶段性研究成果。

分离出来的。"① 如今高校实际情形已经发生显著变化，高等教育理念也应及时得到更新。

随着越来越多的硕士、博士加入辅导员队伍，学术辅导被纳入辅导员的工作范畴已经成为一种必然的发展趋势。倡导辅导员通过学术辅导的渠道帮助本科生提升核心竞争力，并不是一个突发奇想的念头，而是着眼于当今中国高校现状提出的一种改进方向。随着科研育人在"三全育人"格局中的重要性愈发突显，辅导员应该而且可以通过学术辅导的形式帮助本科生进一步增强自身能力。整体而言，发挥辅导员在本科生培养里的学术辅导作用，既是顺应科研育人发展趋势的必然选择，也是挖掘辅导员育人潜能的有效路径。

关于"科研育人"的倡议已有一段时间，而且"科研育人"近年来已然成为中国高等教育界的一个热点词汇，正在受到越来越多的关注。2015 年，中共中央办公厅、国务院办公厅印发了《关于进一步加强和改进新形势下高校宣传思想工作的意见》，提出高校应当构建全员、全过程、全方位的育人格局，建成教书育人、实践育人、科研育人、管理育人、服务育人的长效机制。② 相比之前，这份文件新增了"实践育人"与"科研育人"，构成"五大育人"体系，这是"科研育人"一词"首次出现在我国高等教育的政策文件中"③。

2017 年，中共中央办公厅、国务院办公厅印发了《关于加强和改进新形势下高校思想政治工作的意见》，提出高校需要形成教书育人、科研育人、实践育人、管理育人、服务育人、文化育人、组织育人的长效机制。④ 与 2015 年的《关于进一步加强和改进新形势下高校宣传思想工作的意见》相比，这份文件新增了"文化育人"与"组织育人"，形成"七大育人"体系，而"科研育人"从第三位被前移至第二位，其重要性愈发提高。

之后，"七大育人"体系被扩充为"十大育人"体系，包括课程育人、科研育人、实践育人、文化育人、网络育人、心理育人、管理育人、服务育人、资助育人和组织育人，旨在将思想政治教育融入高校人才培养的各个环节，使思想政治教育体系贯通学科、教学、教材、教师、管理等方面，构建起各项工作同向同行、相互配合的高校一体化育人体系。

在过往的认识里，"科研育人"往往偏向于研究生教育，因为研究生跟学术研究的联系似乎更为密切，而本科生接受的学术训练则相对较少，学校对他们的学术要求

---

① 朱飞. 美国高校学生事务管理与我国高校研究型辅导员队伍建设 [J]. 高校辅导员, 2013（01）：64—66.
② 中办国办印发《关于进一步加强和改进新形势下高校宣传思想工作的意见》 [J]. 中国高等教育, 2015（Z1）：6—8.
③ 杨兆强. 三十余年来我国科研育人研究的总体状况、进展及趋势——基于 CNKI "科研育人" 论文（1988—2020 年）的统计分析 [J]. 继续教育研究, 2021（06）：143—149.
④ 中共中央国务院印发《关于加强和改进新形势下高校思想政治工作的意见》 [J]. 社会主义论坛, 2017（03）：4—5.

也没有那么高。事实上,"科研育人"对本科生教育而言也是很重要的,尤其是在本科生—研究生贯通式培养越来越受重视的情形下,"科研育人"能够在本科生培养中扮演重要角色。然而,"科研育人"通常被认为是专任教师的职责,跟辅导员似乎没有太大关系。现实并非如此,作为身处学生工作一线的教师,辅导员完全能够利用自己的学术经历、学术积累、学术感悟帮助本科生提升核心竞争力。

进而言之,辅导员对本科生的学术辅导理应被视为"科研育人"的一部分,辅导员同样能够为"科研育人"做贡献,这也是高校进一步挖掘"科研育人"因素与"科研育人"逻辑的必要做法。此外,辅导员的学术辅导不仅能帮助本科生提升学术水平,也能加强对本科生的思想政治教育,从而引导本科生增强综合素养。因此,在"科研育人"的时代浪潮中,辅导员同样可以起到一定作用,他们能够通过学术辅导为本科生指引前行方向。

之所以强调辅导员的学术辅导与本科生核心竞争力的提高之间的关系,原因是复杂的,不仅是因为"科研育人"的重要性日益被凸显出来,辅导员应该在其中占有一席之地,也是因为随着辅导员的学历水平与学术能力不断提升,如何进一步发挥辅导员的育人功能成为一个不得不正视的问题。目前,辅导员队伍中的硕士、博士越来越多,本科学历的辅导员所占的比例持续下降,对具有硕士或博士学位的辅导员来说,日常学生工作事务难以充分发挥其学术经验和学历价值已是不争的事实。那么,他们在当今高校人才培养体系里应当承担何种职责,从而更好地发挥其育人作用和学历优势呢?

"一份对137所高校的调查显示,博士或博士在读辅导员总体比例为7.7%,硕士或硕士在读辅导员总体比例为74.4%,大学本科辅导员总体比例为17.9%"[1],这种情况已经成为现在中国高校的普遍写照,尤其是在"985""211"高校,具有硕士学位的辅导员在辅导员队伍中占比最高,具有博士学位的辅导员占比也在逐渐提高,具有学士学位的辅导员占比则越来越低。多所高校甚至直接在辅导员招聘公告里写明招聘条件之一是具有全日制博士学位,这种做法一度引发了公众的热烈讨论,也引起了一些争议,不少人认为这是在浪费人才。

就辅导员负责的大部分工作而言,它们并非只有硕士、博士才能完成,那么,高校招聘硕士、博士担任辅导员的意义和动机是什么呢?具有硕士、博士学位的辅导员跟具有学士学位的辅导员的区别体现在哪里呢?在笔者看来,区别主要体现在学历、学识和学术上,这也决定了不同学历的辅导员在工作职责和育人使命上的不同。随之而来的问题是:具有硕士、博士学位的辅导员应该如何在学生工作中充分利用自己在学历、学识和学术等方面的优势呢?对此,笔者认为,具有硕士、博士学位的辅导员

---

[1] 林明惠,王晨. 辅导员博士专项计划对队伍专业化建设的影响及改进对策[J]. 思想教育研究,2016(11):93-96.

在辅导本科生时，应当努力发挥自身优势，帮助本科生不断增强学术发展能力。

如此一来，不仅本科生能够从中获益，辅导员亦能有所收获。从职业发展的角度来说，充分发挥自身优势不仅有助于辅导员做好本职工作，也有助于辅导员增强自我认同。"自我认同并不仅仅是被给定的，即作为个体动作系统的连续性的结果，而是在个体的反思活动中必须被惯例性地创造和维系的某种东西。"[①] 对于辅导员而言，增强自我认同具有重要意义，既能帮助辅导员强化职业归属感，将人生理想与学生工作结合起来；也能增强辅导员的工作热情，使其长期保持积极向上的工作状态，不被那些机械化、重复性的琐碎事务消磨。

二

之所以倡议辅导员对本科生开展学术辅导，归根结底，是为了提升辅导员在本科生培养里的重要性和参与度，这无疑一种双赢的举措。那么，辅导员应当如何对本科生开展学术辅导呢？

在取得中国现当代文学专业的博士学位以后，笔者就职于四川大学文学与新闻学院，担任2020级本科生专职辅导员，除了负责日常学生事务以及院校安排的其他工作以外，还承担"形势与政策"等课程的教学任务，指导多名本科生开展寒假社会实践红色专项实践、"挑战杯"全国大学生系列科技学术竞赛、大学生创新创业项目、暑期社会实践活动、中华优秀传统文化工作坊、基层团支部建设发展基金项目、青年研究课题项目等活动，并且成为四川大学第五届"德渥群芳"育人文化建设优秀团队的成员之一。

思想政治教育与中国现当代文学是两门不同学科，其研究方法、研究内容、研究目的大不一样，笔者在成为辅导员后需要大量"补课"，增强自身的思想政治理论素养，并尝试从事一些相关研究。在努力提升自身职业素养的过程中，笔者总是在思考一个基础性问题：如何在学生工作中发挥自己历经多年学术训练而得到的一点浅薄的学术积累？这既是在思索怎样为学生成长提供更好的服务，而不是陷入永无止境的事务性工作之中，也是在思索怎样将现在的工作跟之前的专业背景对接起来，让自己在新领域里尽可能发挥自身专业优势，保证自己不会被职业倦怠的体验与自我否定的焦虑所吞噬。

目前学术界有关辅导员学术发展的讨论较多，有关辅导员对学生开展学术辅导的讨论较少。有学者提出"辅导员AB角制"的概念，指出"辅导员A角主要负责有针对性地开展思想政治教育活动，侧重学生的思想辅导和日常管理、服务；辅导员B

[①] 安东尼·吉登斯. 现代性与自我认同：现代晚期的自我与社会［M］. 北京：生活·读书·新知三联书店，1998：58.

角主要负责有针对性地开展学习科研活动,侧重学生的专业学习、专业技能训练、学术科研的指导"。具体而言,"辅导员B角"主要负责人才培养、课程学分、外语能力、学业成绩、学生科研、专业实习见习、毕业论文、技能训练等方面。[①] 这种设想有助于实现辅导员的"一专多能,一岗多责",让辅导员为学生提供更有针对性、专业性的服务,但并没有详细说明辅导员应该如何辅导学生进行科研活动、提升科研能力。下面笔者将结合自己的工作经历,通过具体个案以点带面地呈现辅导员对本科生开展学术辅导的多重路径。

笔者所带的2020级本科生主要来自两个专业大类——中国语言文学大类和新闻传播学大类。虽然上述两个专业大类的学科内容不一样,但它们对学术规范、学术精神、学术内核的理解大抵是相通的,况且跨学科一直是人文社科领域的一种重要理论主张,因此,无论是对中国语言文学大类的本科生,还是对新闻传播学大类的本科生,笔者在跟他们交流的过程中,都会尝试把过去学术训练中收获的心得体会分享给他们,希望为他们在学术道路上的摸索前行提供一些参考。当然,这种参考不一定就是对的,其主要作用在于启发和提醒。

指导本科生进行学术论文写作,包括课程论文写作、毕业论文写作以及其他类型论文写作,是辅导员对本科生进行学术辅导的主要路径之一。对于本科生来说,他们不仅需要撰写课程论文,也需要撰写毕业论文,压力不小,而他们受到的学术训练却是有限的,有的学生甚至对基本的学术规范都不甚明了,在此种情况下撰写出来的学术论文,其质量可想而知。

尽管目前在本科生培养方案里也有一些关于学术论文写作的课程,但是它们大多采用大课形式讲授,效果不甚理想。一方面,教师难以在有限的课堂时间里把该讲的知识讲完;另一方面,由于学生人数较多,教师很难实现与学生之间的"一对一"交流,学生亦很难在教师"一对多"的灌输式教学里厘清疑问。就本科生学术能力培养而言,"一对一"的培养方式无疑会取得较好效果,基于此,部分高校实行了"本科生导师制",辅导员的学术辅导可以对这种制度起到一些补充作用。

下面以笔者辅导两位拔尖班学生撰写开题报告的经历为例,对辅导员在学术辅导上起到的补充作用进行说明。根据规定,所有拔尖班学生在大一阶段均会被分配一名资深学者担任其指导老师,提前进入研究生培养模式。上述两位拔尖班学生的指导老师在大二上学期便让他们跟硕士生、博士生一起开题,并且全程予以悉心指导。这两位学生在确定选题方向、搜集相关资料、撰写开题报告、调整文章格式等方面遇到问题时,也会跟笔者交流。经过反复思考与讨论,这两位拔尖班学生最终将毕业论文题目确定为《〈世界的词语是森林〉中的道家生态思想研究》与《21世纪英美学界高尔

---

① 林玲,王东爽. 辅导员AB角制:"双辅导员"队伍建设的思考[J]. 华中人文论丛,2012,3(01):210—212.

斯华绥〈有产者〉研究新视角》，而且顺利开题。在这两位学生准备开题报告的过程中，其指导老师无疑起到了最重要的作用，在两位拔尖班学生的选题方向问题上始终占据着主导性地位。而当这两位学生遇到具体的、细节的、微观的学术问题时，辅导员亦能派上用场，为他们答疑解惑，也为指导老师起到补充作用。至于课程论文写作以及其它类型论文写作，其情形与方法大体类似，重在进行单独辅导，"一对一"地解答学生的学术问题。

除了指导本科生进行学术论文写作以外，举办读书分享会也是辅导员对本科生进行学术辅导的重要路径。为了进一步激发本科生的学术兴趣，同时也为了加强对他们的思想政治教育，2021年5月21日，笔者在四川大学江安图书馆明远文库主讲了"明远读书会"第九期"艾格尼丝·史沫特莱人物传记《伟大的道路——朱德的生平和时代》（以下简称'《伟大的道路》'）"。该期"明远读书会"由四川大学图书馆、中华文化读书会联合主办，旨在通过带领学生阅读美国作家艾格尼丝·史沫特莱的人物传记《伟大的道路》，从朱德的人生经历和革命历程里感受共产主义信仰的精神力量与现实意义，引导学生在重读经典人物传记的过程中自觉传承红色基因。

在该期"明远读书会"中，笔者指出文学性、历史性、思想性是理解《伟大的道路》的三种主要维度。由于史沫特莱创作《伟大的道路》的目的并非源自文学性的自觉追求，而是想要通过记录朱德的革命事迹来表现中国农民的革命历程与革命心态，以个人史的形式记录中国革命年代的社会景象，所以相比文学性，我们更应该关注《伟大的道路》的历史性与思想性。顺着这一思路，笔者随后从史沫特莱创作、修订和出版《伟大的道路》的曲折过程，《伟大的道路》的创作动机，"朱德形象"的历史建构，家境贫寒之于朱德的成长意义，朱德的革命观念的生成，朱德对中国共产党民族政策的认同等多个方面具体分析了《伟大的道路》的主题思想、风格特征、历史特性与当下价值。通过读书分享会的形式，笔者将自己的研究过程与治学方法展现在学生面前，引导他们初步了解学术研究的基本风貌。

随着面向本科生的专项课题数量和种类的逐渐增多，指导本科生进行项目申报与研究也成为辅导员的工作内容之一，在这个过程中，辅导员也能够对本科生进行较为系统的学术辅导。如今本科生的项目申报与研究愈发规范，跟常见的学术研究已经颇为类似，通常包含选择研究方向、确定研究内容、搜集相关资料、进行实地调研、拟订写作大纲、撰写书面报告等环节，辅导员在其中亦可以起到一定作用。

例如，笔者曾担任寒假社会实践红色专项实践的指导老师，所指导的三个课题小组分别研究长征精神、抗联精神和三线建设精神。笔者跟这三个课题小组的负责人多次就撰写调研申报书进行沟通，从提炼选题、设计方案、明确思路、完善表述、规范格式等方面提出建议。最终，这三个课题小组都分别提交了一份较为扎实、规范、完整的调研申报书，其中研究三线建设精神的调研作品《细话初心，踵事增华——追寻三线建设精神，砥砺自我前行》还获得了校级三等奖。

此外，笔者在跟"鹤闻"传统文化工坊团队沟通的时候，会严格审核他们在文章里使用的关键词及研究思路，引导他们准确概括和提炼自己想要在文章里表达的思想和看法，避免运用一些似是而非的概念而导致行文逻辑不清晰。笔者提醒学生，无论是撰写单篇文章还是研究报告，都必须把核心概念牢牢把握住，由此得来的结论才相对稳定、可靠，概念上的虚浮流动可能会造成论述上的力有不逮。

根据学院的安排，笔者还担任了学生社团自在诗文社、文学联合会的行政指导老师。自在诗文社、文学联合会的所有推文都会经过笔者的审核，在跟社员们的一次次沟通中，笔者与社员们互换意见与想法，交流疑惑与灵感。无论是老师还是学生，都可能会提出错误的见解，但是这无伤大雅，反而有助于师生相长、共同进步。在跟社员们交流的过程中，笔者会将自己对文学创作与文学研究的看法融入其间，引导他们有意识地将自己的文学感悟学理化、体系化，这对于提高他们的文学鉴赏能力、文学写作水平都是有益的。

除此之外，笔者还会在"形势与政策"课堂、年级大会、班团活动等场合以及跟本科生的单独谈话中，向他们讲授自己的学术体悟以及基本的学术规范，激发其进行学术研究的热情，引导其摸索如何撰写学术论文。

学生工作当然有其固定的几大板块内容，而琐碎、繁杂、突发是其突出特征。受此影响，我们似乎很难以教材式写法条分缕析、全面系统地归纳辅导员对本科生进行学术辅导的所有潜在路径。况且中国高等教育实情一直处于变化之中，高校对辅导员的工作定位也不是一成不变的。因此，我们或许只能以目前这种形式来概括辅导员对本科生进行学术辅导的路径。这当然也不是全部的路径，其主要意义不过是抛出一些可能性，让更多人重视这个话题并对此加以思考，共同推进相关的认识、理论与实践。

三

通过考察国外高校的相关情况不难发现，学生工作队伍的专业化建设非常重要。这里所说的学生工作队伍的专业化建设，指的是由不同的老师负责学生工作的不同内容。以美国学生事务体系为例，从事学生工作的老师大多具有教育学、心理学、社会学等专业的硕士学位乃至博士学位，而且他们的分工较为明确，一般由专门的老师负责心理、职业、学习、生活等不同方面的学生工作。[①]

目前在中国高校里具有硕士学位、博士学位的辅导员也越来越多，但他们在工作时并没有明确的分工，需要承担所有学生工作，这导致辅导员队伍的专业性与稳定性存在不足。辅导员由于缺少工作抓手，往往疲于应对各种各样的日常事务和应急事

---

① 朱飞. 美国高校学生事务管理与我国高校研究型辅导员队伍建设 [J]. 高校辅导员，2013 (01)：64-66.

件，缺乏总结工作规律、改进工作成效的时间和精力。然而，越是在这种情形下，辅导员越是需要思考自己的工作重点和提升路径。对本科生开展学术辅导，培养本科生的学术兴趣与学术能力，无疑是其中一种重要选择。

整体而言，高校辅导员开展学术辅导具有多重意义，对于提升本科生培养成效、促进辅导员职业发展具有推动作用。

从本科生层面来讲，辅导员的学术辅导具有不容替代的显著作用。一方面，学术辅导能够帮助本科生提升自身的独立研究能力、发现问题意识和创新创造精神，学习由被动接受转变为主动探索，培养勇于探索的精神与独立思考的能力。另一方面，辅导员的学术辅导能够跟思想政治教育相结合，这是辅导员的独特优势。辅导员可以在开展学术辅导的同时开展思想政治教育，引导本科生成为有理想、有道德、有文化、有纪律的时代新人，树立热爱祖国、热爱中国共产党、热爱社会主义的爱国主义信仰，让学生在德、智、体、美、劳等方面获得全面发展。也就是说，辅导员对本科生进行学术辅导的意义不仅在于帮助本科生取得学术进步，也在于帮助本科生增强综合素质。此外，学术辅导还能够跟其他学生工作密切配合，共同服务于本科生核心竞争力的提升。

从辅导员层面来讲，学术辅导同样具有重要意义。通过开展学术辅导，辅导员也可以获益良多，比如增强其对辅导员职业身份的认同感和归属感。高校辅导员虽然拥有同时在教学岗、行政岗上双向晋升的发展机会，但是他们忙于学生工作和日常事务，少有时间用于教研，而且同时受到学校和学院的两级管理，在学校行政体制里缺少话语权。从这个层面来看，辅导员既不同于"完全"的专任教师，也不同于"彻底"的行政人员，这种尴尬处境使得辅导员成为高校内的"边缘人"。因此，辅导员常常会选择转岗，这导致辅导员队伍的流动性较大，不利于辅导员队伍的长远建设。通过探索辅导员开展学术辅导的路径，辅导员不仅能够获得更加明确的价值认同和更加强烈的社会认同，也能够进一步提升自己的学术研究能力。这有助于他们兑现职业承诺，从而安心在学生工作体系里谋发展。

除此之外，辅导员对本科生开展学术辅导还可以增加本科生对辅导员的认可度，提升辅导员在本科生心中的形象，方便其他学生工作的进行。辅导员虽然也是一些思政课程的任课教师，但与专任教师相比，辅导员似乎更难获得本科生的认同与敬重，这其实也从学生的角度折射出辅导员在高校里的身份认同问题。

按照社会学的看法，当个体无法达成"自我理想的期望"时便会产生"羞耻感"，而此种"羞耻感"象征着一种"缺陷"，这里所说的"自我理想的期待"或"理想自我"是指"我想成为的自我"。[①] 随着高学历辅导员人数越来越多，辅导员在高校里

---

① 安东尼·吉登斯. 现代性与自我认同：现代晚期的自我与社会 [M]. 北京：生活·读书·新知三联书店，1998：74.

的身份认同问题愈发突出，他们期待自己能够获得跟专任教师同等的待遇与尊重，即便"教学思政岗"的岗位定性已经表明辅导员应该被归入专任教师的范畴，但这在目前看来依然只是一种美好的希冀，实践起来的难度仍旧较大。如果辅导员总是得不到学生的认同，他们似乎很难不陷入持续的自我怀疑与自我否定之中，这显然不利于他们正常开展工作，也不利于增强辅导员队伍的稳定性。

如果能像专任教师一样得到学生的认同，辅导员的职业荣誉感与归属感将会大大提高，辅导员在高校里的身份认同问题也会随之得到有效缓解。解决辅导员在高校里的身份认同问题有多种办法，发挥辅导员在本科生学术培养方面的潜在作用是其中之一。事实证明，当本科生切实感受到辅导员的学术能力以后，他们对辅导员的认同感通常会增加，也会更愿意采纳辅导员提出的建议。

虽然从事的职业与之前的专业相差较大，但是所有在学术原野上走过的路都不会白走，辅导员过去受到的学术训练、积累的学术经验、获得的学术感悟都可以在学生工作中发挥作用，从而帮助本科生激发学术兴趣、树立学术规范、培养学术意识。虽然在多数情况下，辅导员只能给学生提供较为初级的学术辅导，毕竟学生的专业和兴趣点不尽相同，但这样的学术辅导可以和专任教师的学术指导结合起来，为"科研育人"服务，使高校人才培养体系更加完善。

辅导员对本科生开展学术辅导，可以实现三个成效，即促成本科生在学术发展上的思维转变、态度转变、方法转变，从而助推他们在学术道路上的长远发展。其中思维转变主要是指学习思维从应试备考转变为求知求真，不再以考试作为唯一的或主要的考核自身学术水平的标准，转而以竭尽所能地探索知识盲区、拓展知识结构、增加知识深度作为自己学习的主要目的。对本科生而言，学术研究的根本意义恐怕不在于为他们提供多少知识，而在于帮助他们竭尽所能地认识世界、认识人性、认识自己，在于帮助他们始终保持探究新事物、发现新知的进取精神。

态度转变主要是指学习态度从被动灌输转变为主动求学，中小学阶段的"上学"与大学阶段的"求学"虽然只有一字之差，但是其中的意义大不相同。"求学"意味着本科生在学术研究中的角色从被动者变为主动者，而老师也不再是"知识的传声筒"，而是引路人和启发者。辅导员需要引导本科生主动跟老师之间建立更多联系，让老师更多地参与到学生的学术成长过程中来。

方法转变主要是指学习方法从"死记硬背"转变为"博闻强识"。应试教育强调答题的标准性和统一性，往往有统一的"考试大纲"以及相应的学习内容。但学术研究倡导开放、包容、平等基础上的"百花齐放、百家争鸣"，学术领域没有所谓的"考试大纲"，目光所至皆是学问。本科生需要切实感受到这一点，并且根据自身情况摸索出一套适合自己的治学方法，从而更加有效地开展个人的学术活动。

当然，促成本科生在学术发展上的思维转变、态度转变、方法转变，单靠辅导员的努力是很难实现的，辅导员需要跟专任教师联合协作，共同助推本科生的学术进步。

　　质言之，根据目前中国高校的实际情形与发展趋势，辅导员可以而且应该在本科生培养中发挥更大作用，通过学术辅导帮助本科生提升核心竞争力便是其中的一个重要方面。至于采取何种学术辅导形式，本文只是提供了一些初步想法，建议辅导员根据自身具体情况摸索出合适的路径。事实上，学术辅导的形式与路径固然重要，但更为重要的可能是辅导员在本科生身上的投入程度。随着加入学生工作队伍的时间越来越长，笔者愈发感受到尽量多地陪伴学生或许是当好一名辅导员的最重要的质素之一，在陪伴学生的过程中，学生一定会或多或少受到辅导员潜移默化的影响。辅导员的学术辅导也是这样，采用何种形式可能并不是最重要的问题，关键在于辅导员愿意投入多少时间和精力来指引本科生在学术道路上前行。

本科生—研究生学习共同体研究

周仁平

四川大学文学与新闻学院

为了坚决贯彻落实中国共产党成立一百周年之际习近平总书记考察清华大学时强调的"坚持中国特色世界一流大学建设目标方向,为服务国家富强民族复兴人民幸福贡献力量"方针,高等教育领域在人才培养方面不断发力,出现了诸多新思路、新方案、新政策。在逐步进入大学建设与改革的深水区的同时,也出现了诸多现实问题亟待解决。

在这样的背景下,本文以四川大学文学与新闻学院(简称"学院")在人才培养方面的尝试为例,重点回应拔尖班、强基班和基地班三种不同的本科人才培养模式在受到升学压力影响时的差别。同时,本文提出了"学习共同体"的概念来刻画和描述拔尖班和强基班的学习特色及培养特点。

四川大学文学与新闻学院赋权本科人才培养,充分集纳现有资源,优化人才培养格局,创新教学方案矩阵,旨在新文科建设的大背景下,加快培养国家发展和民族复兴中的紧缺人才。在中国特色社会主义新时代培养理想信念坚定,具有较高的原始创新能力和全球胜任力的复合型文科人才。学院在长期的办学实践中,以培养高层次人才为目标,已形成以本科生教育为基础、研究生培养和科学研究为重点、其他办学形式为补充的办学格局。学院十分重视对本科生和研究生学术根底与学术研究能力的培养。每学期都开展大型系列学术讲座,邀请国际、国内著名学者主讲,大大拓展了全院师生的学术视野。还举办了多期由优秀博士生主讲的"博士论坛"以及由硕士研究生和部分本科生参与主讲的"尊经论坛";同时积极鼓励本科生进行文学创作,资助出版了《起点》《青桐》等文学刊物,并资助所有主干课出版了课程刊物。

一、四类本科生的招生方式及培养特色

四川大学文学与新闻学院本科生的招生方式目前有四种类型:拔尖班、强基班、基地班、普通班。

高等教育学科基地都设在教学设备完善、师资队伍好、科研能力强,并且在相关学科专业领域具有先进水平和重要影响的知名高校。作为首批入选国家"拔尖计划

1.0"的高校之一，四川大学文学与新闻学院中国语言文学首批入选了"拔尖计划2.0"国家级基地。学院拔尖班15名同学进校的时候是从全校择其优而录之。四川大学在国家强基计划的背景下，立足优势学科，在文学与新闻学院设置了汉语言文学（古文字方向）强基班。中国语言文学（基地班）基于学院优秀的师资队伍和极强的科研能力，旨在培养基础扎实、口径宽阔、知识广博、能力较强、具有创新精神和实践能力的高级专门人才。普通班学生则通过高考统招，在大一接受大类通识教育，大二进行具体的小专业分流。

从学生自身的专业角度来看，拔尖班同学一般都对本专业有强烈的兴趣，学校对他们采取本硕博贯通式培养方式。拔尖班的每位同学都有专门的导师，而且可以根据学习进度和兴趣进行特殊选课。拔尖班同学需要大量阅读原典，积累博古通今的知识底蕴。此外，学院亦为拔尖班同学开展英文培训，为他们奠定国际交流的语言基础。在这种培养方式下成长起来的学生普遍有着非常清晰的人生规划，自信、自律、自我赶超，班级内学习氛围浓厚。强基班同学深耕古文字领域，其"基础"性体现在两个方面：其一，他们有着较强的汉语言文学专业各方向的基础理论功底，具有扎实的文学理论功底、语言学功底、文艺学功底等；其二，他们的学习重点在具有基础研究性质的古文字领域，在中华悠久文明的基础上开展深入学习。与普通班同学相比，基地班同学具有更高的学习热情和专业能力，为普通班同学树立了较好的学习榜样。

本文将升学压力作为解释项，观测上述四类学生在免试推荐攻读硕士研究生时的不同行为表现。拔尖班和强基班的学生，在免试推荐攻读硕士研究生时，推免比例均是100%。不同的是，拔尖班同学在推免时，可以自由跨校跨专业；而强基班的学生只能继续攻读本校本专业的硕士学位。相较而言，基地班学生的推免比例是50%，普通班基本上是15%。由于去向不同，上述四类学生在学习动机、涉猎范围、学习方法等方面存在诸多差异。

学习动机方面，拔尖班、强基班的同学在进入大学后的目标是专注于学术研究。而基地班和普通班很难做到人人保研深造，相当一部分同学会考虑在毕业后直接就业，不仅仅将自己的未来规划局限在学术研究领域。根据过往经验，相当一部分选择本科毕业后就业的学生进入了公务员、企业党建、军队文职、互联网公司产品运营等岗位。

涉猎范围方面，强基班同学在古文字方面有特殊要求，他们除了要修学汉语言文学专业指导大纲所要求的内容外，要更加深入地学习古文字方向的研究方法，立志于成为真正的古文字专家。

学习方法方面，由于基地班和普通班的同学都具有一定的升学压力，一部分同学以考研知识为导向，将更多的精力投入备考全国硕士研究生招生考试中，而在一定程度上忽略了知识的广度。一部分同学则将大量精力投入工作实习、志愿服务等方面，以谋求在就业市场或留学市场中获得更强的竞争力。

二、研究生的创新培养

在现有学制下,研究生分为硕士研究生与博士研究生。基于两种研究生不同的学术要求和学位特色,学院制定了不同的培养方案。

首先是硕士研究生。学院硕士研究生的规定学习年限为三年,学生在三年内需修满对应培养方案的学分、公开发表一篇论文,完成硕士学位论文并通过答辩后方能毕业。相对英国一年期的授课型硕士,三年制的培养能够抓住学生的黄金时期,扎实其学术功底,拓宽其学术视野,同时也留给学生更大的自由探索的空间。

在招生方式上,硕士研究生的招生主要分为统招和推免。学院近年来通过举办优秀大学生夏令营,重视预推免工作等多项举措,提升了硕士研究生的优质生源率。这也为学院后续人才培养奠定了坚实的基础。

其次是博士研究生。学院博士研究生的规定学习年限为六年。在六年内,博士生需要修完规定学分,并在 CSSCI 收录及同等级期刊上发表三篇高水平学术论文。在完成上述要求后,博士研究生还需要完成十五万字的博士学位论文,在外审合格后通过论文答辩,才能获得博士学位。

博士的招生方式相对多元,这是适应教育规律和人才培养特征的结果。学院现有三种博士招生办法:申请考核制、硕博连读、直博。首先,学院在博士招收阶段主要采用申请考核制,选择具有较高学术潜力和学术资质的学生的,在申请考核制下,招生的主动权主要在博士生导师手中。博士招生阶段的考查重点不再是考试成绩,而是对考生学术能力和综合素质的多方面考评。相对于传统的书面考试而言,申请考核制能够更加全面地反映学生在博士阶段所需的各项能力。其次,攻读硕士学位的学生可以在第二学年和第三学年申请攻读博士,即硕博连读。此类学生可以自由选择是否撰写硕士毕业论文,这决定了该生是否能够在规定的学习年限内获得硕士学位。最后,直博攻读博士学位的研究生是从优秀的本科学生中遴选出来,提前攻读博士学位的学生。直博生需要修读的学分总数介于硕士生和博士生之间,是对课程进行精选的结果。直博生从本科生直接进入博士生的阶段,将会经历一个心理适应期。在这个心理适应期内,由于课程内容变难,学生的学习压力偏大,导师对学生的关注显得格外重要。

三、学习共同体

拔尖班与强基班由于做到了"人人保研",学生几乎没有什么升学压力,这为实现本硕博的贯通培养提供了便利。但其中亦有一些细微之处值得分辨。相较于拔尖班,强基班真正实现了贯通式培养。强基班学生的本科、硕士、博士学位均在本校进行培养，学院导师可以根据每届学生的具体状况及时进行培养策略和科研要求的调整，有益于学生吸收知识。而拔尖班学生可以更换攻读硕士学位的高校，部分学生可能会选择在其他高校继续深造，因此，在人才培养的过程中，高校之间的拔尖计划如何做到相互协调，从而为人才培养开通绿色通道，是目前各高校需要共同商议的话题。本文重点讨论拔尖班与强基班选择直升本校硕士的同学，将他们的学习模式概括为"学习共同体"加以探讨。

由于此类学生本硕博均在本校攻读，具有一定的连续性和统一性。而文学学科并不具有统一的标准答案，因此也能够从每个人不同的视角提供全新的体悟。在这种个性与共性、差异性和同一性相统一的情况下，各年级学生之间能够形成学习氛围浓厚的学习共同体。这样的学习共同体，具有以下三点特色。

（一）互促学习、氛围浓厚

这一特色因为学习共同体的出现而更加明显。不同年级的同学可以在学院组织的各类学术讲座中接触到学术领域的前沿性内容，也能够依据自身的研究兴趣，自发组成学习社团，定期开展读书会、研讨会等多种形式的研学活动。在思维碰撞中产生新的火花，激发同学们的学习热情，引导同学们互相促进、互相帮助，在竞争中合作，在合作中竞争。

（二）互相帮扶、形成川大特色

贯通性的学习共同体，不仅可以方便学力较强的同学帮扶指导学力相对较弱的同学，为他们提供同龄人的新鲜经验，纾解同学们的心理压力和焦虑情绪，也更容易形成川大学风、川大特色、川大学派。

（三）灵活管理、定制培养

由于人数相对较少，拔尖班和强基班的教学计划和课程设置相对较新，可以灵活管理，使得每一位学生都能够有适合自身的培养方案和成长路径，也方便导师指导，积极引导学生尽快熟悉科研思路，走上学术道路。此外，学院计划进一步发挥自身资源优势，促进人才培养，如聘请国内外知名学者为学生开展讲座或短期授课，拓宽学生的学术视野，并进一步与国外高校合作，开展海外访学夏令营等丰富活动，提升学生的国际胜任力。

四、对策与建议

在传统的培养模式中，仍有许多空间可供进一步提升培养效能，减少资源浪费，本文将从进一步提高现有人才培养质量的角度提出如下建议：

(一) 加强思想政治教育工作

《中共中央国务院关于进一步加强和改进大学生思想政治教育的意见》指出，要以理想信念为核心进行大学生的政治思想教育。大学生正处于人生观、世界观、价值观成型的关键时期，需要加强培养大学生成为国家栋梁、社会中坚的责任感和事业心，使其成为对党和国家有用的人才。

(二) 课堂引入新媒体技术，提高讲授效率，使学生产生直观体验

大量的实证分析显示，讲授教学方式在大学课堂教学中的运用十分重要。一方面，大学课堂的内容容量较高，多媒体技术可以减轻教师大量书写板书的压力，提升信息传达的效率；另一方面，多媒体技术融合了文字、音频、视频，甚至是虚拟现实技术和增强现实技术，能够使学生从不同的媒介形式，以不同的直观经验去体察知识，避免枯燥无味的死记硬背。这样不仅能够使得学生具有较强的学习动力，对所学知识有更深的领悟，也能够加深学生内化知识、应用知识、领悟知识的程度，真正做到学有所用，学有所悟，让学生能够在理论和实践的两个层面相互辅助，相互成就，真正做到培养人才，而不是大量产出相似性极高的工业产品。

(三) 加强导师介入，及时答疑，多加鼓励

导师在学生成才的过程中扮演着十分关键的角色。如果导师能够在学业、生活等多个方面为学生提供指导，帮助学生解答各个方面的疑惑，那么对学生的成长一定有所裨益。此外，采用"探究式－小班化"授课形式，也能够进一步根据学生具体情况进行跟踪管理和指导。关注每个学生的具体情况，因材施教，为每个学生提供其所需要的帮助，不仅能够显著提升学生的获得感和幸福感，也能够鼓励学生全身心地投入学术科研。

我们的贯通

"本—硕"学习共同体成效初探
——以四川大学文学与新闻学院为例

李秀祺

四川大学文学与新闻学院

近年来,"保送难""考研热"等现象受到了人们的广泛关注,高校本科生在毕业后继续深造的意愿日益增强。无论是考研或保研,都存在"本校"和"外校"两条路径,有人也许会认为"留本校"是在竞争中没有能力的人为了继续读研而做的"妥协"。这样的想法过于绝对,有很多选择了在"本校"继续深造的学生是在衡量了诸多因素后决定的。要了解这样选择背后的原因,可以引入"共同体"的理论,探讨同一院校中包含的各项因素在本科和研究生两个阶段产生的成效和影响。我国有学者认为"共同体"可以被归纳为功能主义和地域主义两种类型,前者是指因为共同的目标、利益关系而组成的社会团体,后者则是基于地域原因而产生的共同生活和相关组织形式。[①] 无论是本科生还是研究生,他们在学校中的学习行为都会与学校的各项要素产生关系,因此,本科生或研究生就和学校组成了"学习共同体"的关系。其实学生在学校中除了学习,还会参加各项活动,他们与学校之间的"共同体"关系不止一种,但因为篇幅原因,暂不列入本文的讨论范围。本科生选择在本校继续深造,攻读硕士学位,即成为本文所论的"本—硕"学生,这样一种"学习共同体"的关系就会得到动态延续,学生与学校之间的联系也得以维持。

"本—硕"学生与学校之间的关系并非线性,因为学校这个概念本身就包含了非常多的要素,比如组织制度、教师团队、学科学位等。本文选取了和学生关系最为紧密的三个要素来讨论,即辅导员、专业导师和学生工作。以上三个要素从不同层面反映了"学习共同体"在学生成长中的作用机制,并且贯穿了学生的两个学习阶段,代表性较强。简而言之,本文主要以四川大学文学与新闻学院(简称"文新学院")"本—硕"学生为例,从辅导员、专业导师和学生工作三个角度出发,探究学习共同体在"本—硕"学生成长中的成效。

---

① 转引自:权艳. 共同体视角下导师与研究生和谐关系研究 [D]. 中国矿业大学,2019.

一、辅导员——学业指导与学习生涯规划

辅导员是本科生从入学到毕业这一路上的"管理者"和"引路人",他们除了监督管理学生日常的校园生活和安全问题,在辅导学生学业方面也起着重要的引领作用。这种引领作用主要体现在以下三个方面:专业学习方法的指导建议、对专业指导老师的推荐介绍以及学习生涯的规划。

一是专业学习方法的指导建议,其对象以大一新生为主。一般而言,刚刚入学的大一新生对自己的专业往往了解不深甚至有所偏差。导致这种问题的原因比较复杂,比如社会普遍的认知误差、父母亲朋"老旧"观念的灌输等。大一新生在入学后发现自己学习的东西和自己之前所设想的相差甚远,就会产生茫然无措或者害怕逃避的心理,这个时候辅导员作为校园内和学生接触最多的老师,自然就成为学生求助的对象。以文新学院的汉语言文学专业本科生为例,"文学理论"课程是他们在大学一年级就要学习的一门必修课程,而这门课程让每一届学生都印象深刻。因为这门课程的主要内容是与文学相关的各类理论性知识,相对于文学作品赏析课程要更加晦涩难懂,甚至有一些内容是大一新生完全无法理解和吃透的。矛盾的是,这门课程可以说是文学研究的入门和基础课程,只有先掌握了文学理论,才能看透具体文学作品的本质。有的学生被这一门课程难倒,认为自己无法学好这个专业,甚至产生了逃避心理,想要转去其他专业。对于这部分学生,文新学院的辅导员团队是最好的"引路人"。作为从中文或新闻相关专业毕业的人才,针对本科生此时遇到的学习困难,辅导员能够提供较为准确的判断和较为有效的帮助,这种帮助往往是父母或者同龄朋友很难提供的。

二是对专业指导老师的推荐介绍,它主要体现在针对性课程的推荐和项目指导老师的引荐。文新学院作为川大最大的文科类学院之一,学院专业老师多达近两百位[1],老师们在具体的研究方向上也是各有所长。本科生并不能够接触了解到所有的老师,但在选修课程和选择项目指导老师时却需要更多关于老师的信息。例如,在文新学院本科生中覆盖率最高、影响力最广的"大学生创新创业计划"(简称"大创")项目,需要本科生自行组队选题并寻找合适的导师。一般情况下学生会优先从自己当下学期课程的任课老师中选择,不过如果老师与学生的研究方向不对口或老师指导名额有限,老师会要求学生另请高明。此时学生如果求助辅导员,也许就能够解决这一困难。因为辅导员在学院中人脉资源丰富,也许能够为学生推荐更加适合的指导老师,甚至可以为其引荐。笔者在本科时期曾有幸得到新诗文献专家刘福春老师的指导并完成了一项国家级大创项目,这也是在辅导员周文老师的引荐下才得以"起航"

---

[1] 数据来自四川大学文学与新闻学院官网"师资阵容"一栏,详见 https://lj.scu.edu.cn/sszr/xzjfls.htm。

的。2018年底，笔者对新诗研究产生了极大兴趣，因此向辅导员周文老师咨询求助，加入了心仪的团队。在周文老师的推荐下，笔者所在的团队非常有幸地请到了刘福春老师担任项目的指导老师。刘老师从研究范围到文献整理还原都事无巨细地帮助指导，让团队成员们受益匪浅。而这一切离不开辅导员老师最初的引荐和帮助，可以说辅导员老师在学生学习共同体的建构中起着重要的桥梁作用。

三是学习生涯的规划，这是文新学院从本科生入学开始就要求辅导员开展的系统化引导工作。不过这种引导并非"填鸭式"地让所有本科生只看向一条独木桥，而是将尽可能多的选择呈现给学生，并将社会人才结构现状用"形势与政策"课程的方式给大家分析讲解。并给不同需求的学生提供具有针对性的建议和帮助，比如，学院为计划出国深造的学生提供学校语言培训课程的信息或帮忙联系老师写推荐信等，不过大部分学生最终还是会选择在国内深造的路径。对想要在国内深造的学生，辅导员会根据个人的综合成绩分析其保研概率或者为其推荐考研院校，在进入大三年级后则会启动系统化的考研帮扶机制，如设立考研自习室、组建专门的考研信息分享群、发放考研重要资料以及在考研过程中对学生进行生活帮扶等。当下考研的热度越来越高，本科生"单打独斗"就更为艰难，因此，以辅导员为主要执行者的考研帮扶机制就非常重要，不仅能有效保证学习资源的充足，还能帮助学生保持身体和心理健康。

从以上三个方面可以看出辅导员在"本—硕"共同体中的作用是"领进门"和过渡衔接，引导学生正确地理解专业深造并帮助学生获得深造资格。在这里，我们需要探讨的是，辅导员角色也许并非只有在"本—硕"共同体中才发挥以上作用，即使学生不在本校读研，辅导员依然可以对其进行引导和帮助。

二、专业导师——科研指导的连续性和纵深性

我国高校对研究生的培养主要采用导师制度，包括单一导师制和复合导师制，文学与新闻学院的专业型硕士一般为复合导师制（校内学术导师与校外实践导师相结合的形式），而学术型硕士则为单一导师制。导师的指导贯穿研究生培养的各个环节，对学生的学业水平、品德修养、身心健康等各个方面都会倾注心血、给予帮助。教育部在2020年下发的《研究生导师指导行为准则》中指出，"研究生导师是研究生培养的第一责任人，肩负着为国家培养高层次创新人才的重要使命"。本科与硕士阶段都在同一学校学院就读的学生，在导师这一资源上也具有较为鲜明的优势，主要体现为科研指导的连续性和纵深性。

一般来说，升学本校的研究生大多会选择自己在本科时跟随做项目的老师或者毕业论文的指导老师为导师，这样一来导师对学生的指导就可以从本科阶段过渡到硕士阶段，从而更加有效地制订计划去提高学生的科研能力。不同于大多数理、工、医专业的学科特性，文学学科较少有实验项目，大多为阅读文献和实地调研等学习方式。

文新学院的本科生除了在课堂上需要完成课程论文,其科研训练大部分集中在大创项目说明书撰写和毕业论文写作方面。由于学校近几年对本科生参加"大创"的鼓励和提倡,越来越多本科生积极组队申报项目,并积极邀请专业匹配的老师进行指导。笔者对近三年文新学院本科生参加"大学生创新创业计划"的情况做了基本统计(见表1)[①]。除了少数的创业型项目,绝大多数的项目都是创新型项目,具备较强的学术特性。通过大创项目,导师制度也逐渐渗透到本科生培养中。由于大创项目的周期一般为一年,导师需要长期对学生进行指导,部分导师会邀请学生参加研究生读书会等相关活动。

表1 2020—2022年文新学院"大学生创新创业计划"相关统计

类别	2022年	2021年	2020年
创新项目(个)	42	59	51
创业项目(个)	3	3	0
总立项数量(项)	45	62	51
指导老师数量(名)	54	73	57

如果说大创项目只覆盖了部分学生且倾向于创新能力的挖掘,那么毕业论文则是全面覆盖了本科生群体且更加注重传统学术能力。文学类专业的研究成果多为论文,论文可以反映出学生发现问题的能力、解决问题的能力以及语言表达、逻辑论述等综合能力。导师在指导学生写作论文的过程中不仅会教授学生如何写出合格优质的学术或学位论文,更能够在这个过程中了解学生是否具备继续深造的能力。通过指导大创项目或者本科毕业论文,导师对学生在本科阶段积累的学术水平和学习能力会有更深入的了解,学生也能判断导师的培养方式是否适合自己的成长需求。如果这段"合作关系"较为有效且和谐,那么导师会优先考虑将自己培养过的学生招入"麾下",反之亦然。

对于"本—硕"学生,导师会更早地帮助其设计培养计划,并且尝试引导其将本科时接触过的研究项目进行深化拓展,将其作为硕士研究的组成部分。在文新学院中文系,有很多"本—硕"学生进入研究生阶段后仍然会选择自己在本科时接触过的研究方向和领域,无论是从个人兴趣还是前期积累来看这都是比较好的选择,而导师一般也会用自己先进的学术视野和学术资源为学生分析其中利弊,帮助学生找到适合自己的发展方向。因此,导师的学术视野和学术经验对学生的研究方向选择能起到把关作用。一个具有先进性和长远性的研究题目会引领学生在学术方面不断探索,由表及里、层层深入,从而产出有价值的学术成果。

除了导师的一对一指导,其他专业老师在"本—硕"学习共同体中也占有一席之

---

① 数据来自"四川大学教务处官网",详见 https://jwc.scu.edu.cn/。

地，对学生的学习也会产生比较大的帮助。以文新学院两大学科的不同特色活动为例，中文系的学术研究离不开文献阅读，这考验了研究者的逻辑思辨能力、学问积累和探索能力等多种能力，而充满思想碰撞的读书会则是将阅读体验外化的重要形式。参与读书会的师生要在会前阅读相关文献材料并思考整理自己的阅读体验，然后在会上发表自己的思考内容或有针对性地就某一问题提出自己观点。对本科生或者硕士研究生而言，读书会不仅是展现自己的时刻，还是向各位专业老师学习的机会。因为专业老师在读书会上既要发表自己的观点，也会点评参会学生们的发言，在这个过程中，专业老师会将更具纵深性的学术视野传递给学生，让学生潜移默化地走进学术。与中文系不同，新闻传播系（简称"新传"）以较为频繁的师生沟通为特点。笔者通过分析"文新学院2020届本科学术培养调查"的反馈数据后发现，"新传学生最终决定深造的契机"中约有8%的关键影响因素是"与老师的私下交流"，这反映出与专业老师的沟通对于新闻传播口深造学生的影响是比较重要的。[①] 教育学认为"沟通主要指教育沟通，是指教育者和受教育者之间通过有效语言和其他方式，运用合理协调方式形成互识和达成共识的一种人际沟通。"[②] 新闻传播系专业老师与学生沟通有效性产生的原因是值得我们探究的，或许是沟通形式不同，也或许是沟通频次差异。但综上可以看出，专业老师在"本—硕"学生学习中能起到更为持久深远的影响作用，在学习共同体的结构中与学生的关联深度更为突出。

三、学生工作——从团委学生会到党委学工部

高校学生在学校除了学习专业知识以外，还需要培养自己的综合素质，以成为当前社会所需要的复合型人才。但综合素质的提高并不能通过在课堂上学习书本知识而实现，而是需要个体本身在各种组织、各种岗位中实践锻炼。我们将这部分统称为"学生工作"，其中就包括了学生在学校内参与的各项学生工作，例如学生会工作、班团干部工作、社团组织工作、兼职工作，等等。这些学生工作将很多不同专业、年级的学生联系在一起，并且还需要形成完整的组织架构和制度，对学生综合素质的锻炼成效一般是比较明显的。但学生组织类型杂数量多，逐一论述会显得有些冗杂，因此，笔者在这里以自身在本科和硕士研究生两个阶段的学生工作经验为例，讨论"学生工作"在"本—硕"共同体中的作用，以供诸位参考。

---

① 该问卷面向四川大学文学与新闻学院2016级部分已深造学生，共有78名受访人员，其中新闻传播系占比44%。继续在本校攻读硕士学位的新闻传播系学生占将近40%，因此该问卷对于本研究有较高参考性。在"新传学生最终决定深造的契机"问题中，15个影响因素中占比最高的3个关键影响因素依次为：本专业必修课（22%）、与室友的交流（9%）、与老师的私下交流（8%）。但需要说明的是，该问卷包含某些隐私信息，因此无法在本文全部呈现。

② 转引自王旭."90后"硕士研究生与导师沟通策略研究[D]. 哈尔滨师范大学，2020.

德才兼备，以德为先。习近平总书记说过："帮助广大青年确立正确的理想、坚定的信念，应该成为团组织的首要任务。只有抓好这项工作，才真正抓到了根本上。这是党对共青团工作第一位的要求。"团委学生干部应具备较高的思想政治素质，在工作中引领更多其他同学，不断增强争做堪当民族复兴重任的时代新人的思想自觉和行动自觉；同时在生活中严于律己、互帮互助，培养始终心系人民、用耳朵倾听人民呼声的社会主义接班人之担当，主动了解和关心人民群众的所思所盼，自觉走与人民群众相结合的成长道路。[①] 文学与新闻学院团委学生会在每年学校的"十佳"和"五四"表彰中都名列前茅，保持着优良的学院传统，因此，学院对学生干部的要求一直比较严格，在选拔时一般比较看重学生的思想政治素质以及综合行政能力。笔者在大一时加入了学院团委学生会素质拓展部，作为部员，笔者的主要工作是基本事务处理、基本公文撰写和日常活动筹办。大二时，笔者通过面试成为该部门部长，带领十几位部员共同完成了数十次线下活动和线上调研。与大一相比，大二时的学生工作需要花费的时间和精力更多，但学到的东西也会增加。在团委学生会担任学生干部的两年时间里，笔者参与完成了数十份策划书或竞标书，其中篇幅最长的是一份长达46页的寝室文化节活动竞标书，得到了学院主席和学校相关部门的一致赞赏。另外，笔者从部员阶段就开始了创新能力的培养，如内容形式、流程设计以及活动宣传都是提高创新能力的关键环节。在每一次部门活动的筹备中，笔者都尝试自由提出自己的创新点或聆听借鉴他人的独特经验，这样一次次的积累会使自己创新视野更加广阔、视角更加丰富、方法更加灵活。

本科在团委学生会的工作经历成为笔者担任研究生兼职辅导员的重要基础。依据学校"缺一补二"的原则，文学与新闻学院近几年开始选聘研究生担任兼职辅导员，作为专职辅导员老师的帮手，完成学工口任务及其他相关工作。笔者从研究生一年级入学开始便在学习之余担任学院2019级本科生的兼职辅导员，至今已将近两年。从管理学生日常请销假到担任军训带队老师，从组织年级骨干会议到筹办大型的深造宣讲会，在这一次次工作经历中，笔者较好地完成了组织所派的任务并获得了快速成长。和其他本科非本校的兼职辅导员相比，已经度过四年学习生活的"本土"研究生做起这份工作能够更加得心应手。他们不仅熟悉行政事务流程，也相对了解同校本科生的学习生涯，可以给予本科生更多的建议。众所周知，四川大学是一所实力较强的综合性"双一流"大学，可以为其学生带来非常多的校内校外资源，如辅修双学位专业、"挑战杯"全国大学生课外学术科技作品竞赛、"挑战杯"中国大学生创业计划竞赛、中国国际"互联网＋"大学生创新创业大赛、"大川视界"等。本科就在川大就读的兼职辅导员可以为本科学生提供更多相关的信息，并以自身或他人真实经验给予

---

① 李川. 团中央书记处传达学习习近平总书记考察中国人民大学重要讲话精神[N]. 中国青年报，2022－04－27（01）.

本科学生建议和帮助。从本科生学生干部到研究生兼职辅导员，身份角色的转变带来的是看待问题角度的改变，这促使笔者从三个角度（学生、学生干部、辅导员）更全面地认知学校的相关制度，并且感受到不同身份角色在实践工作中的差异。这样连续且多层次的实践经验是本科直接毕业的同学或者本硕不同校的同学难以体会到的。学生工作在"本—硕"共同体中扮演的角色更倾向于实践培养，学生在不同组织中担任成员或组长或辅导员等不同的角色，其自我认知也会更加清晰。

四、总结

前文主要探讨了由学生和学校组成的"学习共同体"对学生"本—硕"阶段学习的作用，包括辅导员的学业帮助和深造规划、专业导师的连续纵深科研指导以及学生工作角色转换带来的综合实践能力提升。但凡事都有两面性，并非"留本校"就是绝对更有利的选择，有学者就提出过质疑。2019年，有学者基于院士学缘异质性的视角分析了"保送外校攻读研究生"的价值，该研究以中华人民共和国成立以来至2019年2月培养出的所有院士学历背景为研究对象，分析认为在不同院校完成本硕博阶段的学习对于培养高端创新拔尖人才是更加长久有利的。[①] 同时我们也要认识到，随着社会经济发展人们整体教育水平的不断提升，硕士研究生越来越多，他们在毕业后就业的占比要远高于继续深造读博的比例。笔者希望，通过本文以四川大学文学与新闻学院"本—硕"学生为例的探讨，能够为一部分犹豫不决的文科学生提供一定的参考价值，帮助其做出更加适合自己的选择。

---

① 张旭菲，卢晓东. 推荐免试研究生"保内"还是"保外"？——基于院士学缘异质性分析的视角 [J]. 现代大学教育，2019（03）：26-33+112.

"本科—研究生"学习共同体助力退役复学大学生深造成材

王雨晨

四川大学文学与新闻学院

自《征兵工作条例》实施以来，投入军队建设中的大学生士兵[①]人数逐年增加。在国家和学校的双重支持下，继续攻读硕士研究生学位成为退役复学本科生的热门选择。对这一类学生来讲，他们的参军经历不仅是其独特的个体体验，还在"本科—研究生"学习共同体的推动下逐渐成为他们追求学业进步的内在因素。本文将结合笔者个人经历和集体反馈，对"本科—研究生"学习共同体（简称"学习共同体"）如何助力退役复学大学生[②]深造成才进行详细分析。

一、学习共同体促使退役复学大学生将纸质书籍阅读体验深化

"本科—研究生"学习共同体是一条一以贯之的学术道路，需要学生具备一定的求知欲和升学欲，但长期的单科目学习易消耗个体学术热情，加之从高中到大学两种不同特质的教育模式的转变，使部分学生产生了学术融入障碍[③]。为了克服这一障碍，除常规的寻求老师和同学的帮助外，一部分学生选择借助个体经验来重新激发学术兴趣，退役复学大学生便在这一行列之中。他们选择将参军期间长达两年的纸质书籍阅读体验进行深化，以此来重塑学术信心，激发个人升学欲。

（一）纸质书籍阅读体验激发了学术热情

部队对电子设备管理严格，除特殊情况外，手机等联网设备仅在法定节假日内可

[①] "大学生士兵"是指成功通过全部征兵流程，进入到部队服义务兵役的全日制高等学校的应（往）届毕业生、在校生和已被录取但未报到的学生。

[②] "退役复学大学生"是指大学在读期间参军入伍，在退出现役后的两年内返校继续之前学业的全日制高等学校的在校生，包括退出现役后继续本科学习和继续研究生学习两类。为了便于研究，本文提及的"退役复学大学生"指在本科在读期间参军入伍，退役后继续本科学业的大学生。

[③] 鲍威，李珊. 高中学习经历对大学生学术融入的影响——聚焦高中与大学的教育衔接 [J]. 清华大学教育研究，2016, 37 (06)：59-71.

以使用。大学生进入部队后,最初会因不能使用网络而感到不适,他们度过了身份转变的磨合期以后,增加的休息时间反而增加了他们内心的空虚感。针对官兵此类心理状况,各连队不仅设立了图书室,还会定期举办"图书进军营"活动、每日半小时读报活动、阅读感悟分享等活动,提倡以阅读充实生活。对中文系的学生而言,利用两年时间专注于纸质书籍阅读的经历,对其产生了深远的影响,不仅让其在阅读过程中寻找到了自我价值,还为其退役复学后在"本科—研究生"学习共同体中的学习打下了良好的基础。

随着阅读量的增多和阅读深度的增加,大学生士兵必然会对某些学术理论或观点产生疑问,但部队纸质书籍的数量毕竟有限,学术前沿消息和最新的学术著作很少能够出现在部队图书室,所以他们只能暂时将疑惑放在一边。大学生士兵的阅读行为如果只停留在读书感悟层面,其学术活动的开展必然会受到影响,他们在返校复学后,是否能充分利用大学图书馆丰富的馆藏资源,将在部队读书时产生的疑惑进行解答,成为他们以阅读体验激发学术兴趣的关键。而"本科—研究生"学习共同体对学术专著的阅读具有隐性要求,这恰好成了刺激退役复学大学生将纸质书籍阅读体验转化为内在学习动力的催化剂。因此,退役复学大学生为了尽快融入学习共同体,对图书馆展现出高度的热情,希望能够通过阅读大量的专业性著作填补自己学术知识的空白。在阅读书籍的过程中,他们的信息检索能力也会相应得到提高,并学会利用网络快速找到自己需要的信息,高效利用学校提供的学术资源。这些技能是他们在图书馆阅读时渐渐获得的,对他们今后的深造大有裨益。

退役复学大学生选择以个人阅读体验来激发学术热情时,他们的自主学习能力也随之得到了提高。除了在图书馆自行阅读和听取专业课外,他们还常常通过"隐性课程"来丰富自己。他们积极参加学校举办的各类学术讲座,通过听取不同学校、不同专业的专家和学者分享的观点,不断丰富自我认知,拓宽自己的思路;踊跃参加学术沙龙,勇敢地分享自己在读书时的个体感受,积极与老师和同学们交流,通过学习他人的优点填补自己在某些方面的缺失;参加教师课题组,跟随老师对学术问题进行深入的探讨,培养自己的学术思路;参加大创项目……而"隐性课程"对学生的影响常常在于其发挥了怎样的主观能动性,退役复学大学生在服役时长期远离学术环境和网络环境,为了快速融入"本科—研究生"学习共同体,他们必须保持谦逊的态度,通过大量了解学术界的最新观念和研究方法来填补个人空白,所以他们在"隐性课程"中展现出的个体提升比较明显,客观上促进了他们的成长成才。

(二)学术热情的提高刺激了升学欲

在将纸质书籍阅读体验转化为内在学习动力的过程中,退役复学大学生重塑了学术热情,他们以纸质书籍、网络资源及"隐性课程"丰富自己,不断地将新的知识和观点融入自己的知识结构,并在学习过程中加以灵活运用,实现了"深层学习"。而据研究,"深层学习对大学生的读研期望起到了方法支持和兴趣导向的作用,大学生对高阶学习、整合与反思性学习等深层学习方法的掌握程度,可以为其正确的读研选择提供信息参考"[1]。所以在逐渐掌握了"深层学习"的方法后,随着"本科—研究生"学习共同体对该群体影响的加深,他们不可避免地开始对未来的人生道路进行思考,毕业后是否要选择继续攻读硕士研究生学位成为该群体普遍思考的问题。

而国家和高校为了鼓励大学生"携笔从戎",为国防军队建设注入新鲜的血液,从政策或制度层面上对退役复学大学生的升学问题进行了保障。国家规定,退役大学生在保送硕士研究生或考取硕士研究生时,同等条件下优先录取,且可以选报"退役大学生士兵"专项硕士研究生招生计划[2];各高校也纷纷出台相关规定,适当放宽了对退役复学大学生保送硕士研究生和考取硕士研究生的成绩要求。这些规定从政策层面上刺激了退役复学大学生的升学欲,解决了他们对因两年专业知识空缺而产生的忧虑。以四川大学退役复学大学生群体为例,他们在面临升学和工作的选择时,半数以上倾向于升学。升学欲的高涨从客观上刺激了他们在学习共同体中的学习热情和学习效果,他们中的大部分在返校后学业进步迅速,进步最大的年级排名较参军前上升六十余位。在内心诉求和政策支持的双重加持下,该群体对继续攻读硕士研究生学位怀有较高的热情,这也进一步激发了他们在"本科—研究生"学习共同体中的学习热情,促进了他们的成长成才。

二、为退役复学大学生延续训练成果提供实践空间

在"本科—研究生"学习共同体中学习深造,除了需要学生具备较高的学术热情外,学习难度和强度的逐渐增强还对学生的学习效率提出了隐性要求。而退役复学大学生在部队时的训练内容(体能训练和专业训练)从生理和心理两个层面为其高效学习打下了坚实基础,但这些训练能否在其退役后的学习生活中发挥作用还需要通过实践验证,"本科—研究生"学习共同体客观上为其训练成果的延续创造了实践空间。

(一)体能训练成果的延续促进了记忆力增强

"本科—研究生"学习共同体对学生的学术要求会随着年级的升高而逐渐提高,为了更好地适应学习强度和学习时长的增加,学生们需要具有良好的身体素质。在此方面,退役复学大学生具备了较大的优势,他们在部队中的体能训练多以跑步、爬战术等有氧运动为主,两年的体能训练为他们塑造了良好的身体条件,而学习共同体带

---

[1] 赵新亮,刘贤伟. 霍兰德职业兴趣、深层学习与大学生读研期望的关系研究——基于5所"985"高校大学生的调查研究[J]. 高等工程教育研究,2017(02):48-52.
[2] "退役大学生士兵"专项硕士研究生招生计划,简称"退役大学生士兵计划"。详见2018年8月24日教育部办公厅发布的《关于下达2019年"退役大学生士兵"专项硕士研究生招生计划的通知》。

来的压力促使他们在退役后保持运动习惯，其锻炼方式也因环境的改变而更加自由丰富，实现了有氧运动和无氧运动的结合。据德克萨斯大学西南医学院的研究表明，有氧运动能够促进血液流入与记忆有关的大脑两个关键区域。[①] 无氧运动则有助于促进认知功能和执行能力的提高[②]。退役复学大学生对运动的长期坚持在客观上激活了其身体潜能，使其大脑能够长时间保持活跃状态，从生理层面上保障了其在学习共同体课程难度逐渐增加、知识体系逐渐向纵深拓展时的学习效率。

（二）专业训练成果的延续促进了理解能力的提高

退役复学大学生虽然升学意愿比较强烈，但实现由本科生向研究生的身份转变并非易事，不论是"本科—研究生"学习共同体中的课程学习，还是自主学习，都对个人的理解能力提出了一定的要求。而理解能力可以通过多种方式进行训练，退役复学大学生在部队中经受的专业训练在客观上提高了其逻辑思维能力和理解能力。以话务专业为例，话务员接到电话后，需要在用户提出问题后迅速为其解答，并以简短的话语传达出最大的信息量。而在日常值班中，话务员还常常面临数个电话（上限是8个）同时接入的情况，如何断定优先级、让每一个用户等待时间不超过30秒是其值班过程中的重难点问题，这种复杂状况不仅锻炼了话务员的反应速度，还间接促进提高了他们的思维能力和理解能力。其他专业亦是如此，如何快速落实上级指令、及时应对紧急情况是他们军旅生涯中常常面临的问题。

退役复学大学生通过实践磨砺出的理解能力虽然不会随着环境的改变而消减，却会随着实际应用的减少被渐渐消耗。退役复学大学生在适应了从军人到学生的身份转变后，由于"本科—研究生"学习共同体为其提供了较大的实践空间，他们的理解能力会因校园环境的开阔、知识体系的丰富而逐渐提高。从军人到学生的身份转变是他们在大学期间经历的一个较大的转变，也恰恰是这次转变，让他们在部队中锻炼出来的理解能力得以延续和提升，并为他们从本科生向研究生过渡积累了经验。

（三）训练成果的延续促使了思维模式的转变

"本科—研究生"学习共同体为退役复学大学生在部队中体能训练和专业训练成果的延续提供了实践空间，使他们的记忆力和理解能力得到了显著的提高，而这些训练成果的延续也带来了思维模式的转变。比如，在面对学术道路上思维固化的问题时，他们会选择跳出当前的思维模式，结合自身经历在学术研究中增加国防军事的角度，这也为他们思路的拓展注入了新的活力。以中文系为例，退役复学大学生在对当前军旅题材的文学作品进行分析时，可以结合自身经历分析作品中的描写是否具备真

---

① 刘晓荻，薛惠文. 运动可改善记忆力促进脑部血液流动 [J]. 基础医学与临床，2020，40（12）：1685.
② 路毅，邓文冲. 不同运动方式对大脑结构及认知功能的调节作用及差异 [J]. 中国组织工程研究，2021，25（20）：3252-3258.

实性；在分析古代文学作品时，可以就其中的军事思想和兵法进行创新型反思，并分析其对现代国防军队建设的借鉴意义。思维模式的转变有助于提高该群体的学习效率，在一定程度上推动了其成长成才。

三、帮助退役复学大学生延续集体荣誉感

小组合作学习是"本科生—研究生"学习共同体中重要的学习组织形式，因为"个人所掌握的知识只是整个知识体系里很微小的一部分，个人的能力也无法单独应对现代社会所提出的挑战。"[①] 有效的小组合作学习需要全体成员的共同努力，在合理分工的基础上发挥出每个成员的最大潜力，在实现集体目标的同时使个人能力得到提升，这便需要学生具备较强的合作能力和集体荣誉感。而部队是一个战斗集体，作战时需要凝聚全部个体的力量。为了更好地培养广大官兵的集体观念，军队会长期对其进行"班集体是个整体，一荣俱荣，一损俱损"的观念熏陶，并刻意营造"一人犯错，全体受罚"的氛围。在培养集体意识的过程中，大学生士兵的自我定位逐步从独立的个体转变为集体中的一员，他们渐渐具备了较强的集体荣誉感。这种强烈的集体荣誉感与理解力等内在能力一样，并不会随着环境的改变而渐渐消减，反而随着个体对环境的适应而转移到新的集体。

所以，小组合作学习的学习组织形式促使退役复学大学生快速地融入集体中，避免了骤然缺失集体感对该群体产生的不良影响，使他们更快地适应了学术氛围。退役复学大学生也往往在学习共同体中的小组合作学习环节表现良好，他们因强烈的集体荣誉感，在合作中能够最大限度地激发个人潜力，对所学知识进行了综合利用，并在这个过程中逐渐掌握了应对学术问题和社会挑战的能力，推动了他们更快的成长成才。

四、推动退役复学大学生进行学术能力转化

学业焦虑作为一种消极高唤醒的学业情绪，被报告为学生体验得较为频繁的负性情绪之一。[②] 它不仅成为当代大学生群体面临的主要心理问题之一，而且长期作用于"本科生—研究生"学习共同体中学习深造的各阶段学生，对其学习效率和解决学术问题的方式产生阻碍作用。退役复学大学生在应对学习共同体中的学业焦虑上展现出了较好的抗压能力和耐性，在解决学业焦虑的过程中，他们逐步将实践中获得的抗压能力转化为学术抗压能力，将训练中磨练的耐力转变为学习耐性，实现了实践能力到学术能力的转化。

---

① 文涛. 论有效的课堂小组合作学习 [J]. 教育理论与实践，2002（12）：53-56.
② 王秋韵，郑丹慧，陈泓桦，严万森. 新型冠状病毒肺炎疫情期间硕士研究生的学业焦虑及其影响因素 [J]. 中国健康心理学杂志，2022，30（03）：417-421.

学习共同体中产生学业焦虑的因素是多方面的，其中比较常见的原因是学习压力过大和学业成就感缺失，这两项因素不仅阻碍了学生"自我实现的需求"，严重时还会造成对个人价值和学术道路的质疑。面对此类问题，学生需要具备良好的抗压能力，能够自觉地对抗"学习无价值""自我无价值"等观念。而退役复学大学生曾在军旅生涯中受过高强度的训练和高压模式的管理，他们经历并成功克服过自我价值缺失的困境，所以面对压力时常常展现出较高的韧性。对于学业压力和学业成就感缺失，他们的容错率较高，乐于在看似无意义的探索中寻求解决办法，发挥焦虑对学习的正向促进作用。这不仅极大地缓解了学业焦虑带来的负面影响，还使退役复学大学生在实践中磨练出的抗压能力得以在学业中应用。

良好的学术抗压能力能够缓解学业焦虑对学习产生的负面影响，提高学习耐性则能够从源头上解决学业焦虑。除了上文提及的学习压力过大和学业成就感缺失两个常见因素外，学习共同体中还存在一些独特的因素，其中最显性的便是学业过渡焦虑。本科生的课程以全面发展为主，并没有对某一个具体科目进行深入研究，所以在向研究生阶段过渡时，学生会因知识储备量不足、思维局限等原因无法构建深度的知识框架。面对此类问题，学生需要在大量阅读文献后，对研究思路进行反复推演，这个过程极大地考验着学生自身的学术耐性，而退役复学大学生通常具有较高的耐性。他们在部队时通过叠"豆腐块"、打扫卫生以及重复性体能训练等方式锻炼了耐性，体能训练中的战术基础训练甚至可以看作是思路推导的外化展现。战术动作分为低姿匍匐、侧姿匍匐和高姿匍匐三种，士兵需要在铁丝网构建的有限空间内选择上述两种动作完成匍匐前进任务。为了最快抵达终点，他们需要在日常训练中对每一个动作进行拆解练习，理清动作之间可能具备的关联，实现最快速的动作衔接。构建知识体系的过程与拆解练习具有相似性，需要对每一个细枝末节的知识点进行透彻分析，并发掘它们之间的关联，全面深刻地理解知识体系。退役复学大学生在对学习共同体中的学术问题进行反复思考的过程中，逐渐将训练磨练出的良好耐力转变为学术耐性，实现了实践能力到学术能力的转化。

五、结语

由上文可知，退役复学大学生的参军经历虽然造成了其两年的学术环境缺失，但也使其个体能力得到了多层次的提升，而这些从实践中获得的能力并不能直接转变为学术能力，需要他们在返校复学后从学业层面对其进行反复实践。"本科—研究生"学习共同体不仅在客观意义上为退役复学大学生将参军经历融入学术生涯提供了实践空间，还在一定程度上充当了该群体将实践能力转化为学术能力的催化剂，助力了退役复学大学生的深造成才。

在第二课堂中开展"本—硕"共同学习的意义与方法
——以四川大学文学与新闻学院为例

苏玥祺

四川传媒学院中华传统文学学院

2019年上半年,四川大学文学与新闻学院的老师们展开了一场别开生面的教学实践:来自四川大学雷雨话剧社的本科生与来自中国现当代文学专业的研究生一同围绕现代作家艾芜的经典作品展开戏剧排演与学术研讨。这场为期4个月的"本—硕"共同学习实践活动对学生们的影响如此长远,以至于影响了部分学生三年内的成长轨迹。对这场教学实践展开细致的剖析,有助于了解本科生与硕士生在第二课堂中共同学习模式相较传统的分年级、分班教学模式有何优势,并有助于汲取经验,为其他"本—硕"共同学习的实践开展提供参考。

一、为何在第二课堂中开展"本—硕"共同学习

(一)"本—硕"共同学习的重要性

1. "本—硕"共同学习有利于本—硕衔接

在大多数高校的文科专业中,本科生与研究生虽然身处同一校园,却鲜有交流。尽管二者不乏见面的机会,但却始终缺乏交流的契机。这种现象一定程度上源于本科生与研究生培养目标的差异。

根据《教育大辞典》的定义,在本科教育阶段,学生应接受本层次的通识教育及有关某一专门领域的基础和专业理论、知识和技能教育[①]。近年来,高校日益重视通识教育,鼓励学生全面发展自我,而不仅限于在某一个学科领域内做到专精。相反,与博士教育同属于研究生教育的硕士教育,则完全以"研究"为核心。这种对科研的强调,在20世纪初清政府颁布的《癸卯学制》中就初见端倪。其后国民政府进一步明确,设立研究院是为了"招收大学本科毕业生研究高深学术"以及"供给教员研

---

① 康全礼. 我国大学本科教育理念与教学改革研究[D]. 华中科技大学,2005.

究"。中华人民共和国成立后,《关于改革学制的决定》等一系列政策文件也都指出研究院有义务培养"科研人才"。尽管进入 21 世纪后,我国对专业型人才需求加剧,但硕士研究生应当有研究意识、学术意识仍是一种共识[1]。

本科层次教育与硕士层次教育的培养目标虽然是固定的,但学生的身份是动态变化的:每年都有大量本科生成为硕士生。随着身份的变化,他们本应该有意识地对自己的学习模式进行调整,以便适应新的教育模式和新的培养目标,但真正能迅速适应这种身份变化的学生并不多。一方面,尽管很多学生知道"研究生"以"研究"为重,但由于缺乏科研训练,他们很难想象什么样的意识才是"研究的""学术的"。另一方面,在多数学校,学生在研一时主要通过上课获取新知,研二、研三才通过参加科研项目及写作毕业论文切身体会科研的过程。因此,不少入学不到一年的硕士研究生都因不知道如何向自己的培养目标靠拢而迷惘。

对此,通过开设"本—硕"衔接讲座虽然可以为即将升学的学生提供指引——但语言的力量到底有限:我们可以在讲座中详细地描述研究生应该如何积极地参加学术讨论会、如何学会区分学科的边界、如何利用课余时间寻觅适合自己的选题,但对学生而言,这种描述太过泛泛,他们永远有更细节的追问。问题之多,不胜枚举,非老师所能逐一解答。正所谓"纸上得来终觉浅,绝知此事要躬行",相比之下,为即将升入硕士研究生阶段的本科生与在读硕士研究生提供共同学习的机会,使前者亲眼目睹后者的学习过程,并有机会对后者进行模仿,可能更有利于本科与研究生两个教育阶段的衔接,帮助本科生在将来能更迅速地适应培养目标的转变。

换言之,建立"本—硕"学习共同体是促进本科生在升学后顺利适应硕士身份、提高硕士教育成效的有效方式之一。

2. "本—硕"共同学习有利于学生职业规划

不可否认的是,无论是在本科还是在研究生阶段,并非所有的学生都适合且都愿意走学术之路。据《四川省 2020 届高校毕业生就业质量年度报告》,2020 年从四川各高校毕业的 224601 名本科生中,仅 17.34% 的学生升学并继续学术之路[2]。即使是像四川大学这样综合实力雄厚的"双一流"学校,在当年毕业的 8617 名本科生中,继续深造的也仅占 50% 左右[3]。至于研究生,进一步深造的比例则更低。2020 年,全省仅 5.74% 的研究生毕业后继续深造[4];在四川大学,6329 名硕士研究生中,有

---

[1] 李安萍,陈若愚,胡秀英. 研究生教育"本科化"认识的形成与思考 [J]. 研究生教育研究,2018 (01): 26—32.

[2] 四川省教育厅. 四川省 2020 届高校毕业生就业质量年度报告 [R/OL]. (2021—02—27) [2022—10—01]. http://jxpg.sicnu.edu.cn/a/2b1c6fe4f1125af863f87e6c678f1ea5.

[3] 四川大学. 四川大学 2020 届毕业生就业质量报告 [R/OL]. (2021—10—29) [2022—10—01]. https://xxgk.scu.edu.cn/info/1110/4671.htm.

[4] 四川省教育厅. 四川省 2020 届高校毕业生就业质量年度报告 [R/OL]. (2021—02—27) [2022—10—01]. http://jxpg.sicnu.edu.cn/a/2b1c6fe4f1125af863f87e6c678f1ea5.

742人选择在国内外深造，305人进入高等教育或科研设计单位工作①。尽管笔者未能查到当年毕业的硕士生中，专业型硕士与学术型硕士学生的比例，但根据历年来专硕与学硕的录取比例来看，那些放弃继续从事学术工作的硕士毕业生中，有相当一部分是被许以科研期待的学术型硕士。

早在2011年就有学者意识到，硕士生毕业后放弃科研之路的现象日益普遍，这与"非自愿"研究生人数的增加有关②。所谓"非自愿"研究生，即那些因在本科期间缺乏充足的准备而在本科毕业后不能找到合适的工作，只能通过读研来延长进入社会前的准备时间的学生。在进入研究生阶段后，这类学生依旧容易因缺乏实践经验而在硕士毕业后不能找到满意的工作。除此之外，由于对研究生生活缺乏深入的了解，在自愿升学后发现自己不适应学术生活，最终放弃继续深造的研究生也不在少数。换言之，由于对科研及其他工作的具体内容缺乏了解，相当部分的高校学生在职业规划上存在问题。这一方面影响了高校硕士生的质量，另一方面又影响了高校毕业生的就业率。

为学生提供"本—硕"共同学习的机会，同样有助于改善这一现状。本科生在与研究生共同学习的过程中，可以观察研究生的学习、生活状态，了解他们在做什么、在想什么，放弃了什么、获得了什么。随着对学术生活了解的深入，本科生将更慎重地在升学和就业间做出选择。同时，对一些有意放弃科研之路的研究生而言，与本科生一同学习也同样有价值：由于当前的研究生教育——尤其是学术型研究生教育以科研为主，研究生所接受的学术训练远多于职业训练。过多的理论化知识，有时会使他们感到迷茫，不知道该如何学以致用，在职场中反而难以发挥专业能力。在与本科生共同学习、共同探讨的过程中，他们可以了解本科生的视野，在学习高深知识之余回顾基础知识，在进行学理辨析的同时思考实践方面的问题。

从这个层面来讲，"本—硕"共同学习对于本科及硕士研究生正确规划自己的学业与职业之路，有积极的作用。

（二）第二课堂与"本—硕"共同学习的契合

"第二课堂"即"学生在以专业知识为主的教学计划课程学习之外所从事的一切活动，即课堂教学之外的所有活动"③。相较被称作"第一课堂"的传统课程，第二课堂教育具有学生主体性、开展形式灵活性、实践可持续性及发展全面性四个特

---

① 四川大学. 四川大学2020届毕业生就业质量报告 [R/OL]. (2021-10-29)[2022-10-01]. https://xxgk.scu.edu.cn/info/1110/4671.htm.
② 刘丹. 硕士研究生扩招及其影响评述 [J]. 中国电力教育, 2011 (11): 64-65+82.
③ 贺巍巍. 第二课堂学习评价：概念溯源与关系厘析 [J]. 现代基础教育研究, 2021, 42 (02): 94-100.

征[①]。这使得它比第一课堂更有利于"本—硕"共同学习模式长处的发挥。

具体而言，首先，第二课堂以学生的自我意愿为基础，并非学校强制学生参加的活动。主动参与"本—硕"共同学习的第二课堂的学生，往往具有升学意愿甚至已获得升学资格。他们在参与学习的过程中会更注意观察硕士生的思维、学习方式，更愿意与硕士生展开深层次的交流。这使得"本—硕"交流的初衷在第二课堂中能最大限度地实现。

其次，第二课堂的展开形式本就具有灵活性，不受教学大纲和教学计划的限制。由于本科生与硕士生的知识水平、培养目标差异明显，如果在第一课堂中同时对二者进行教学，有一方则难免需要做出妥协，或勉强学习对目前阶段而言过于高深的知识，或被迫花过多的时间重温已掌握的知识。但在第二课堂中，教师可以另辟蹊径，在围绕同一主题展开活动的同时，根据学生知识、能力、培养目标的不同而为不同学段的学生设置不同的课程目标，并采用自学与教师引导相结合的方式，令各学段学生的能力得到充分的发挥与提升。

再次，第二课堂强调学生的参与度，强调让学生通过实践获得具体的、立体的感知。因此，第二课堂为本科生提供了充足的空间，使之得到对硕士研究生进行观察与模仿的机会，从而了解硕士研究生的生活、学习状态，更清晰地思考是否读研、如何完成本科生到研究生的身份转变等问题。

最后，尽管第二课堂常被视作培养学生综合能力的教学形式，却并不意味着它不适合以研究为培养目标的硕士研究生群体。自 20 世纪 80 年代末"第二课堂"概念作为一种中等教育及本科层次的高等教育形式出现在中国之后，其适用范围已逐渐从本科教育扩大到本、硕教育：21 世纪之初，张富良[②]、李金山、祁婧和付军等学者相继提出应将第二课堂作为素质教育的一环引入研究生教育中[③]。近 10 年来，又出现了一批强调第二课堂对于培养研究生的创新能力、科研能力之助益的论文。可见，对本科生和硕士生而言，第二课堂是一种值得尝试的教育形式。

综上而言，"本—硕"共同学习意在使本科生与硕士研究生在共同学习的过程中展开充分的交流，从而使本科生了解硕士研究生的学习模式、学习状态，提早为自己的人生做出规划。但这绝不意味着迫使硕士研究生迁就本科生的知识、能力水平，也不意味着要求本科生超前学习硕士课程的内容。离开传统课堂，在第二课堂中展开"本—硕"共同学习活动，可能是最理想的"本—硕"共同学习形式。

---

① 李秉轩. 大学生第二课堂综合素质教育研究［D］. 景德镇陶瓷大学，2020. DOI：10.27191/d. cnki. gjdtc. 2020.000258.
② 张富良. 研究生德育教育的"第二课堂"——高校社团［J］. 中国特色社会主义研究，2002（03）：88-90.
③ 李金山，祁婧，付军. 加强第二课堂建设提高研究生综合素质［J］. 中国科教创新导刊，2008（04）：220+222.

二、第二课堂中的本—硕共同学习实例——以四川大学文学与新闻学院的"艾芜作品排演－研讨"活动为例

四川大学文学与新闻学院 2019 年组织本、硕学生围绕艾芜作品所进行的学术研讨及戏剧改编活动，可被视为"第二课堂中的本—硕共同学习"的成功实践案例。

为纪念现代文学作家艾芜 115 周年诞辰，中国现代文学研究会、中国作家协会创作研究部、四川省作家协会、四川大学联合主办了"艾芜与文化中国—纪念艾芜诞辰 115 周年暨第一届国际学术研讨会"。在此背景下，四川大学文学与新闻学院的老师们组织学生围绕艾芜的作品展开了一系列包含戏剧排演、学术研讨在内的综合活动。

（一）实践内容

参与该活动的学生包括四川大学现当代文学专业的研究生与四川大学雷雨话剧社中自愿报名的本科生——这些本科生大部分是中国语言文学大类学生，也有一些对戏剧文学兴趣浓厚的理工科学生。

在该活动中，研究生与本科生有着清晰的分工：本科生的工作以实践为主，以将艾芜的经典小说改编为话剧并顺利演出为目标。围绕这一目标，他们积极创作剧本、组建剧组、进行排练。研究生的工作则以学术研究为主，为了能在"艾芜国际学术研讨会"上分享自己的研究成果，他们积极地开展读书会、撰写论文。

尽管分工不同，但由于本科生与研究生所关注的核心问题是一致的，因而二者在创作与研习的过程中会产生一些交集。具体而言，本科生在创作实践中，逐渐意识到自己之所以无法写出令人满意的剧本，很可能是因为不了解艾芜创作时的心境、未能把握艾芜的核心精神，为了摆脱这一困境，他们有意识地接触相关研究、获取相关知识。而研究生在研究文本时，也会对经典作品的再创作产生兴趣。在此背景下，老师的适时介入为"本—硕"学习共同体的建设"添砖加瓦"，他们带领本、硕学生共同游览艾芜故居，组织本科生旁听研究生的读书会，并邀请研究生观看本科生的彩排与演出。

这样一来，在为期一学期的"艾芜作品排演－研讨"活动中，本科生与研究生一方面各司其职，分别在同学力层次的同学内部展开交流讨论，充分发挥自己的能力；另一方面又通过形式丰富的数次交流，实现了跨阶段的"本—硕"共同学习。

（二）实践成果

这次教学实践的成果颇为丰硕，2019 年 6 月 12 日，在"艾芜与文化中国—纪念艾芜诞辰 115 周年暨第一届国际学术研讨会"上，四川大学文学与新闻学院现当代文学的研究生带着自己的研究成果，同前来参会的诸位学者一起进行了学术交流。会

后，雷雨话剧社的本科生们也顺利在当地剧场演出了改编自艾芜小说《山峡中》的原创话剧《南行记》。

（三）短期效果

在参与活动的本科生中，有两名即将升学的大四学生。与硕士生学长学姐共同学习的经历，使她们在进入研究生阶段后相对迅速地适应了研究生生活。其中一位学生认为，在剧本创作与旁听研讨会的过程中，她逐渐树立了历史和文本意识，因而当她在研究生阶段听到专业课老师对此强调时，她能比其他同学更快地接受，在自己的研究过程中也更加注意。另一位学生在数年后回忆起往事时直言："我现在已经不记得他们发表的具体观点了，我只记得那种研讨的氛围——独立思辨，畅所欲言。于我而言，参加这种活动相当于提前进入读研的圈子，了解研究生的学习方法之类的。"

（四）长期影响

除有助于参与活动学生的"本—硕"衔接以外，参与这次"本—硕"共同学习活动还对学生——尤其是本科生的学业、职业规划产生了重要的影响。这种影响在当时并不明显，但随着学生的成长，它们慢慢显现在学生的人生轨迹中。

一位在当时还是大一新生的同学，在演出结束后便将主要精力投入影视戏剧的创作和研究中，并于三年后保研至北京师范大学的戏剧与影视学方向。尽管他一直对戏剧影视抱有兴趣，却一直没有付诸行动。正是在这次实践中，他真正对戏剧有所体认；也是在这一过程中，他意识到了应当如何严谨地开展戏剧创作或研究工作。这些体验让他决定将生活中的业余爱好变为研究方向，继续学术之旅。

上文提及的那两位大四学生在当时主要负责编剧、导演工作。其中一位在攻读完现当代文学方向的硕士学位后，投身于影视艺术行业。对她来说，这次活动不仅使她提前熟悉了研究生的生活，比其他同学更早地适应了身份的转变，而且使她对学术生活与影视戏剧工作者的生活有了大体了解，从而有更充足的时间进行权衡和探索，并最终选择适合自己的道路。另一位在毕业后保持着对现当代文学与戏剧的研究兴趣，在硕士研究生毕业之际，这位同学以一篇与中国现代戏剧相关的论文顺利毕业。

总体而言，这场为期一学期、由本科生与硕士生共同参与的学习实践活动，为参与其中的学生——尤其是本科生带来了深远的影响。活动明显加强了学生在相关研究领域的兴趣，并激发了学生的学术热情。对本科生而言，这种学习热情的激发不仅仅源于戏剧演出实践，还源于"本—硕"共同学习的过程：正因为目睹了硕士研究生在研讨会上的风采，接触了他们的思路与方法，这些本科生在自己后来的学习之路上更加得心应手，也获得了更多的成就感，更容易保持学术热情。

三、如何在第二课堂中开展"本—硕"共同学习——四川大学文学与新闻学院"艾芜作品排演—研讨"活动的经验总结

（一）学习主体

在四川大学文新学院组织的这场活动中，参与学生由现当代文学专业的硕士研究生及学校雷雨话剧社的本科生两部分构成。研究生本就以学术为重，而雷雨话剧社作为兴趣社团，更注重实践性。参与学生对自己的定位有清晰的认知，因而在学习过程中能做到有所侧重地学习，并善于利用自己原有的能力特长，将所吸收的知识转化为论文、戏剧演出等可见的成果。此外，由于参与活动的本科生有戏剧排演经验，他们在活动中遇到的技术问题更少，思想层面的问题更多，这使得他们更容易与研究生产生共同话题，更容易沉浸在"本—硕"共同学习中。

可见，在开展"本—硕"共同学习的过程中，要注意学生的特性，不能简单以"本科生""研究生"的标签来划分学生，而是要思考他们是"什么样的本科生""什么样的研究生"，根据不同学生群体的能力特点为之设计合理的学习路径。

（二）目标设置

在进行"本—硕"共同学习实践的过程中，难题之一是如何确保学习内容对本科生而言不会过于深奥，对硕士生而言又不至于过浅。因此，如何制定目标，使参与实践的学生获得同等程度的激励，是极为重要的。在上述教学实践中，学生被要求达到的目标有以下几个特点：

1. 明晰性

在活动之初，学生就被告知自己需要达成某一具体的目标。明晰的目标强化了学生学习的主动性，从而确保学生在周期较长的学习活动中保持积极性。

无论是在自主学习阶段还是教师引导学习阶段，他们都会积极地获取知识。

2. 差异性

差异性在"本—硕"共同学习中极为重要。所谓"差异性"，并非指难度等级的差异——如果本科生和研究生被要求完成同类型的目标，但老师对其成果的评分标准不一样，本科生就会很容易因老师对自己的期待更低而产生自卑心理，继而羞于全力以赴。更理想的"差异性目标"应当根据学生能力特点而制定，尽可能使本科生与硕士研究生发挥各自的特长。

在"艾芜作品排演—研讨"活动中，尽管本科生与研究生的任务都与对艾芜作品的探究相关，但二者的任务截然不同：来自雷雨话剧社的本科生以制作一部相对完整

的戏剧为最终目标，已熟悉学术训练规范的研究生们则以写出能公开展示的论文为目标。前者偏实践性，既是排演经验丰富的雷雨话剧社学生擅长的，又是本科教育所希望重视的。后者偏理论性，既在研究生的能力范围内，又与他们学业的重心相吻合。

3. 统一性

尽管目标存在差异性，但本科生与硕士研究生在活动最后所达成的成果，又可合二为一，构成一个整体。换言之，二者最初接受的目标其实只是"理解并阐释艾芜作品"这样一个大目标下的两个次级目标。主题的统一性使得本科生与硕士研究生在推进自己的任务进度时，不时会需要从对方那里习得新知。这确保了在活动中后期的本科生和硕士研究生面对面交流学习的环节，双方能找到共同的话题，并能对大量的新知识进行取舍，吸收对于自己而言更重要的部分。

（三）阶段划分

四川大学文新学院的"艾芜作品排演—研讨"活动始于2019年2月，终于2019年6月，活动历时4个月，可大致划分为三个阶段。

1. 前期铺垫以长时间的自主学习

这次实践活动的特色之一在于，虽然学院有意让本科生与硕士研究生共同学习，但在为二者搭建平台，使二者共同参与研讨会、戏剧观演之前，学院分别给予两个学段的学生长达两个月的时间进行自主学习。其间，硕士研究生阅读文献、在同年级同学之间展开交流；本科生创作剧本、组建剧组、展开排练。这一阶段属于问题积累阶段，本科生与硕士研究生都会在自学的过程中发现大量问题，解决这些问题成为下一个阶段他们相互学习的动力。

值得一提的是，在这一阶段，由于本科生与研究生的学习内容、进度不统一，教师在管理组织上的工作量可能翻倍。但在四川大学文学与新闻学院的活动中，学院老师通过与学生社团进行合作，减轻了自己在组织管理上的压力。在此案例中，参与活动的本科生来自四川大学雷雨话剧社。该社团历史悠久，演出经验丰富，有相对成熟的戏剧制作流程规范。从剧本选题、演员试戏、戏剧排练、舞美设计到最终演出的环节，参与活动的学生都可以借助以往的经验推进，老师只需要适时与学生沟通，了解排演进度即可。这种活动组织技巧是值得借鉴的。

2. 中期适时搭建交流平台

在自主学习的过程中，学生在知识、能力上的欠缺会逐渐暴露出来。有时学生能在自学过程中直接意识到自己存在某方面的欠缺；另一些时候，他们则需要经老师提醒才能意识到自己所遇到的困难究竟来源于何处。无论如何，经过前期较长的自学，当活动进行到中期时，学生已具备充分的问题意识，并期待通过进一步学习解决问题。此时即可进入活动的第二个阶段，即真正的"本—硕"共同学习阶段。

在这个阶段，学校老师可以通过带领本科生旁听硕士研究生的读书会等形式，加强二者的接触，甚至可以鼓励本科生模仿硕士研究生进行思考和发言，并邀请硕士研究生对本科生的工作提供参考意见。这样的"共同学习"机会贵在"精"，而不贵在"多"——过多的共同学习可能导致学生压力过大，动机减弱。待学生心中的疑问累积到一定程度后，适时开展共同学习，方能将学习效率最大化。

3. 后期以具象的形式进行成果汇报

在活动的最后，无论是本科生还是硕士研究生，都最好以具象的形式呈现各自的学习成果。在上述案例中，硕士研究生最终在研讨会上发表论文，本科生则在会后演出了自己改编的话剧。这些具象的学习成果直观地反映了学生在活动中的收获，不仅有利于教师进行教学评估，而且能够使学生对标成熟的学者及文艺工作者的作品，意识到自己的不足之处。在"本—硕"共同学习过程中，学生已逐渐摸索到自学和跨学段学习的方式。因此，当他们在成果展示中发现自己的不足后，能轻松地延续刚刚学到的学习模式，在未来的学习之路上不断地发现问题、向其他能力层次的师友学习、最终解决问题。正因如此，参与"艾芜作品排演—研讨"活动的本科生才会在活动结束后的数年内，仍能感受到活动对自己的影响。

四、结语

综上所述，在第二课堂中开展"本—硕"共同学习活动，能对本、硕阶段学生的能力培养、职业规划产生长远且有益的影响。在策划及组织"本—硕"共同学习的过程中，应格外重视对学习主体特征的观察；在把握参与活动的本、硕学生具体特征的基础上，设置明晰的、恰当的符合"本—硕"学生能力与需求差异、但又不乏统一性的目标；最后，还可以考虑适当在"本—硕"共同学习的前期阶段，鼓励本科生与本科生、硕士研究生与硕士研究生先进行内部的学习与讨论，继而带着问题展开跨学段交流，从而最大限度地发挥"本—硕"共同学习的优势。

本科生阶段如何衔接研究生学术沙龙

——论"双特生"培养制度的优势

许淳彦

四川大学文学与新闻学院

"沙龙"系法语单词"salon"的音译,指的是文艺复兴时期西欧政治界、文化界、商界等领域的权贵人物通常在客厅中开展的针对诸种社会问题、思想文化的自由探讨和交流,最早仅局限在上流社会;而随着历史的发展,无权无势甚至此前无甚名气的人,都可凭其突出的能力才华和思想的真知灼见参与进来,使"沙龙"开始成为一个各方人士平等交流、切磋思想的舞台。[①] 而"学术沙龙"正是在这样的基础上发展起来的,多开办在高校及研究所的更为专业化的"seminar"式的研讨集会,"是在教授指导下,由高年级学生和优秀学生组成研究小组,定期集中在一起,共同探索新的知识领域"[②]。"学术沙龙"通常由老师布置阅读材料或讨论议题,学生独立思考并在会上公开发言或回复、批判他人观点。在学术沙龙上,高年级研究生与低年级研究生思维互鉴、理性交锋,对促进学生阅读、培养学生思维能力有突出的效果,因此,学术沙龙在研究生教育中的地位越来越高,教育界人士对其倍加重视。

然而,随着社会对高水平人才的大量需求和"本—硕—博"严格界限的观念革新,类似"本硕博贯通培养"的创新人才培养方式陆续推出,重思维训练和独立研究能力培育的研究生教育模式逐步也被纳入本科生阶段。众多高校出台多种政策,让本科生提前感受研究生的学习氛围,适应高强度的学习节奏。为了让被选拔出来的具备一定潜力的本科生提前适应研究生学习模式,各高校鼓励其参加研究生学术活动,本科生也获得了参加研究生学术沙龙,与研究生进行交流、研讨的机会。[③] 然而,多数本科生在不清楚学科背景、研究思路、科研方法等情况下被"赶鸭子上架"般地"赶"进沙龙中,常常出现因不知如何阅读、思考、组织观点、发言讨论而影响学习积极性、自信心的情况。对此,学校层面更完善、更系统化的培养制度的介入,将是

---

① 胡弼成,廖梅. 试论现代大学教学组织的辅助形式——洛可可沙龙与伦敦咖啡馆的启示 [J]. 高等教育研究,2002(02):76-79.

② 唐松林,左彩虹. 学术沙龙与知识创新——兼对大学课堂教学组织形式的反思 [J]. 高教探索,2007(04):96-99.

③ 张莉. 本、硕、博贯通式人才培养模式的利弊分析及对策研究 [J]. 学位与研究生教育,2015(06):13-16.

帮助本科生迅速调整状态、摸清路径、清晰目标的后备保障——笔者参与的"双特生"培养模式便是其中具有代表性的制度之一。

"'双特生'是指在某一学科领域具有特殊的兴趣爱好和特殊的专长潜质，或者在某一学科领域开始崭露头角并已取得一定的成绩，或者对一些冷僻、人才稀缺的学科领域有一定程度的深入了解、有一定的独到见解的人才"[①]，针对此种"具有特殊兴趣爱好和特殊专长人才"进行培养的"四川大学'双特生'培养计划"，是四川大学创新人才培养体系的一部分，是学校为了培养各学科领域的拔尖人才、杰出人才，培养学术大师，从而在基础学科或交叉学科领域取得实质性突破，在学科建设和人才培养层面做出的成功且有益的探索。学校首先选拔有特殊专长的同学（校内选拔或自主招生）进入该计划，再通过本科生导师制、特殊选课制、中期考核制等相关特殊管理办法对其实施特定领域或研究方向的人才培养计划。"双特生"培养模式最大的特点和优势便是始终以学生主体的研究兴趣和个性导向为中心"因材施教"，在保证学生掌握基础知识和技能的情况下，依据个人学术偏好动态调节面向学生的培养方案、开设课程，促进其"专长"的进一步精深，使其成长为始终耕耘于兴趣领域并有所成就的专门人才。在"双特生"培养阶段内，学生将获得由导师根据其兴趣领域所设置的个性化培养方案及多种培养保障，如组织保障、政策保障和经费保障，从而为本科生进入研究生学术沙龙提供了充分的支持。

以笔者为例，自 2017 年 9 月作为本科生入校到 2021 年 6 月毕业，笔者作为"双特生"，共参与中国现当代文学专业的研究生学术沙龙（研究生读书会）12 次。在"双特生"培养模式完善的政策帮助和机制引导下，笔者由最初参与时对学术理论懵懂无知、对会上发言茫然不安、对讨论交流不知所措的新手，逐渐成长为知晓如何搜索资料、阅读文献、分析文本、组织学术性发言、进行批判性思考的学术"新星"。在每个阶段，笔者都以更进取的面貌投入学术沙龙，在与其他参加者的良性互动中，提前适应了研究生阶段的学习节奏——这便是"双特生"培养模式的优势所在。

一、参与学术沙龙的机制保障

为解决本科生在参与学术沙龙时因在知识储备、学术视野等方面与研究生存在差距而感到的困难，"双特生"培养模式针对本科生学习、科研采取了一系列周密、严谨的政策和制度支持，从机制上为其参与学术沙龙提供了保障。"双特生"培养模式采取的政策和制度支持主要体现在导师制与动态性特殊培养计划、"三期考核"与成果汇报、专项经费配备等方面。

[①] 魏炜，吴俊，许小娟，赵云."双特生"的招生选拔与培养探析——以四川大学为例[J]. 大学教育，2019（06）：25—27.

(一) 导师制与动态性特殊培养计划

学校为每一位"双特生"推荐研究领域与学生研究兴趣相匹配的资深导师,供导师和学生双向选择。学生在本科期间将直接进入导师门下,与硕士、博士的师兄师姐一同接受导师的指导。在导师制下,学生能从导师处高效地学习到课堂以外的更丰富、具有针对性和问题意识的学术经验、研究方法,并拥有长期与导师当面沟通、交流的机会,甚至可以申请加入导师的课题组、项目组,参加导师开设的研究生课程的学习和研讨,直接获得学术沙龙如读书会、学术会议等消息,在导师的帮助和引导下走上正确的学术研究道路。

除导师外,每个学院还为"双特生"配备了直接对接"双特生"、具备丰富学术经验的助管教师,并配套制定了动态性特殊培养计划。助管教师帮助学校、学院密切关注"双特生"的学业发展情况、生活情况与心理健康情况,为培养的具体开展保驾护航。这里的动态性特殊培养计划是由导师结合自身教学经验,在对学生的学术潜力、研究兴趣、个性特长等进行充分考察后,一对一具体制定的个性化培养方案。以笔者为例,在完成基础性课程修读的同时,笔者的导师依据笔者在实际学习与阅读中反馈的问题与呈现出的薄弱知识环节、思维盲区,把计划性阅读、论文写作训练、口头表达能力提升作为笔者培养计划的重点,在笔者刚进入本科学习时便制定了有侧重点的个性化培养方案。

(二)"三期考核"与成果汇报

在"双特生"培养制度下,学生必须接受严格的"三期考核"——学期考核、学年考核、中期考核。中期考核是学校对"双特生"是否有资格继续延续本制度的考核,由导师和两位具有正高职称的专家对学生开展专门考核后交换意见得出结论。在每学期末及每学年末,学生都必须撰写满足一定字数要求的自我总结报告,报告包括本阶段的学习情况、成绩情况、科研情况、与导师交流情况等内容,并需提交相关证明材料及学术成果,作为中期考核的依据。学校管理老师还会定期举行涉及所有"双特生"的成果汇报与展示,并随机抽查个别同学的学习情况,严格考察学生的积极性,确保学生不碌碌度日,每学期都有丰硕的收获。

在这样严苛的审核和考察制度下,"双特生"需要付出比一般学生更多的时间和精力投入学习与科研,以确保自身不被"淘汰",这在客观上为参与学术沙龙做了一定的能力准备。

(三)专项经费降低课题学习开展成本

"双特生"专项经费是学校为保障"双特生"在日常学习、科研开展、课题研究、田野考察等时无因经济拮据耽误学习的问题而设置的平均一人一学年2万元人民币的补助经费。"双特生"可凭借发票、收据、交通通行凭证等证明材料对与学习有关的用品（文具、硬盘、U盘）、学术书籍、论文发表版面费、参加学术会议参会费及交通费、田野考察交通费、大创科研项目等相关费用进行报销，极大地增加和促进了"双特生"学习、研究的积极性。以笔者为例，笔者用每学年的科研经费先后报销了课题差旅费（于贵州六盘水市某乡村开展的田野考察及家族制调研研究）、书本资料费（国家级大创课题"长征文学及其影响研究"）、论文版面费（投稿国际会议论文）等款项，减少了科研开展的成本，降低了经济负担，获得了更多提高自身科研能力的机会。

二、参与学术沙龙的科研训练

为弥补本科生在参与学术沙龙时在思维逻辑、科研方法上的稚嫩粗疏的短板，"双特生"培养制度通过多种手段，在学生完成基本课业学习的基础上开展"补课"，确保其在学术沙龙开始之前做到"肚里有货，心里有底"。这种"补课"主要体现在特色课程与学术活动积分制上。

（一）特色课程辅助培养研究性思维

特色课程是导师基于动态性培养方案与对"双特生"每学期具体学习情况的考察，针对"双特生"知识掌握、思维方式、科研技能等领域上的缺漏与不足，适时开设的专门课程。特色课程不拘泥于传统课堂的听课、考试等模式，导师可以采用指导文献阅读、布置特定书目读书报告、研读论文剖析写作方法等方式，帮助"双特生"更快补齐自身短板，第一时间发现问题并解决问题，从而更好地具备研究生的基本素质与思维视野，融入学术沙龙。以笔者为例，在与导师沟通后，笔者全程修读导师要求旁听的硕博课程，并参与课堂讨论、发言，经过这样的学术训练，笔者有针对性地提高了参与学术沙龙应具备的能力。

针对学术沙龙需要的对学术热点及文学史纵深的联动思考能力，笔者在修读导师要求旁听的课程时，对中国现当代文学发展进程十余个复杂专题中的相关思潮及其演变进行了溯源式追问、考察、辩驳，从而打开了文学史研究的新角度，建立起了自己的认知框架，加强了对现当代文学领域学术前沿话题、争议点的理解，对历史现场的复杂面貌进行了还原，训练了独立分析文学思潮问题的能力，完善了多重视野下的中国现当代文学领域知识体系的建构。

为了提高学术沙龙所需要的文献挖掘、阅读、考证等能力，笔者跟读了同专业教授开设的文献学课程，结合文献学视角与文、史研究方法，针对中国现当代文学领域文献史料进行了深度挖掘，掌握了文献索引、版本研究、工具书运用等基础技能。这些基础技能有利于笔者摆脱固化的文学史思维，帮助笔者获得针对具体课题锁定对应文献来源的判断力、快速获取相关一手二手文献的能力以及对直接性材料进行科学分析和解剖的能力，从而使笔者初步把握研究的初始机制。

针对学术沙龙需要的文本细读、文史互证的能力，笔者跟读了同专业教授开设的方法论课程，针对具体作品等开展分析、批评与研讨，从分析作品问题本身训练文本感知力，进而结合历史资料训练文史互证能力，培养发现问题、解决问题的思辨能力与反应能力。

通过特色课程，"双特生"能在基础课堂学习之外，迅速"入门"具有实操性的科研思维与研究方法，学会跳出文学史框架打开思维、进行原始文献的阅读分析、精准剖析文本的感受力，从而在学术沙龙中做到沉着自信、独立思考、独立研究、独立发言。

（二）多元学术活动磨练研究能力

"双特生"动态性培养计划中规定"双特生"在本科四年必须修满15分的"学术积分"，学生旁听硕博士研究生预答辩、开题答辩、毕业答辩，参加学术社团读书会或学校、学院开办的学术讲座，参与大创项目或相关课题等，就能积累学术积分，以此鼓励"双特生"积极参与学术科研，借由积分的强制要求，从客观上抵消学生个人心中的懒惰与畏难情绪。"万事开头难"，"双特生"在主动参与多元学术活动的过程中，会自然而然地改变对学术研究"神秘""高难度""遥不可及"乃至令人"畏惧"的印象，也会收获经验，拓宽知识面，提升写作技能，增长科研阅历，因而更加从容地参加学术沙龙。以笔者为例，正是在"积分制"的鞭策及自身有意识的努力下，笔者参与的大创项目获得了国家级立项并优秀结题，这一过程充分增强了笔者参与学术沙龙的信心。

三、参与学术沙龙的心理支持

为缓解本科生参与学术沙龙时的心理压力，克服和化解焦虑情绪，"双特生"培养制度赋予学生多方面的优势与便利。主要体现在保研优势与三阶段培养制上。

（一）保研优势消除额外焦虑

本科生在学习阶段最大的焦虑通常来源于是否能获得保送免试攻读研究生名额，对心理调节能力差的学生来说，这种焦虑很有可能严重影响学生投入学术研究的积极性，从而降低阅读、思考效率，打击自信心，使学生无法静下心来阅读文献、参加学术沙龙。"双特生"培养模式在这方面做到了提前为学生解除后顾之忧，为学生消除不必要的焦虑情绪和负面情感。"双特生"培养模式所占保研名额均不在学生所属学院名下，而是直接归属于吴玉章学院，名额宽裕、保送概率大，只要满足规章的要求，并通过学院专家组组织的相关考核，学生基本能顺利保送研究生。即便是欲离开本校前往外校深造的同学，学校、学院也会配合衔接，联系专家开具推荐信，在全力简化流程的基础上保障学生顺利推免。

据四川大学吴玉章学院创新办公室所提供的统计数据，仅以2019年四川大学"双特生"保送攻读硕/博士研究生学校去向情况为例，有95%的"双特生"顺利保送"985"院校攻读研究生，部分学生直接攻读博士学位，保送北京大学、清华大学、上海交通大学的"双特生"分别占比9%、11%、15%。上述数据显示出"双特生"培养计划在推免上的突出优势和机制保障。这种机制保障最大限度地减轻了学生不必要的负面情绪，帮助学生全身心投入学术研究，为更好地在学术沙龙中发挥主动性做好综合素质上的准备。

（二）三阶段培养制分化任务目标

三阶段培养制是"双特生"培养计划化繁为简、去芜存菁、由浅入深的教育方式。学生在第一阶段重点修完一般性基础课程后，在导师的安排下阅读可以帮助其开阔视野的一般性学术著作，并作为旁听者参与研究生课程及研究生读书会、学术交流会等学术沙龙，为修习感兴趣的专业领域打好基础。

进入第二阶段后，学生的学习重点转入兴趣、特长领域，在导师的安排下阅读更为精深、更难的学术著作并开展口头学术报告及专业论文写作，以掌握专业领域的学习、研究方法。同时，学生需要作为和一般研究生等同的参与者修读研究生课程并完成课程任务，如作业、汇报、论文等，并成为学术沙龙的主要发言者之一。

进入第三阶段后，学生从被动的学习者变为主动的研究者，在兴趣特长领域开展独立的实践研究，并尝试产出高质量的学术成果。同时，学生对自身在参与研究生课程及学术沙龙时的表现水准有了更高要求，力求向同师门的硕、博士研究生看齐。

三阶段培养制将抽象、宏大的学习任务分化为具体、精微的学习目标，具有可把握性与可操作性，便于"双特生"逐步以更成熟的姿态加入学术沙龙、完成自身蜕变。

四、结语："双特生"衔接学术沙龙

在"双特生"学习模式的促进下，笔者通过与导师的长期交流和相处以及多方学术活动拓宽了眼界，积累了一定的学习经验，提前一到两年便确定了自己深造的具体方向，初步拟定了学术计划并加以践行。笔者所拟定的学术计划与笔者日常阅读、研究、思考的兴趣点相关，对笔者在较高的主观能动性和目标清晰的"着力点"的支持下开启学习的"以点带面"，实现综合素质的全面提升、厚积薄发，多方位提高自身参与学术沙龙需要的文献分析能力、文本细读能力、批判性思维能力以及拓宽知识面起到了帮助作用。

在前文提及的"双特生"培养模式的高强度考察与督促下，笔者在大二下学期便确定了研究生阶段进入"中国现当代文学"专业深造的学习计划。由于选择方向与导师研究领域相符，笔者在充分阅读、思考本领域问题后与导师进行交流，学习效果明显提高，收获更大。同时，笔者每周准时参加包括导师开设课程在内的多门研究生相关课程，并在每堂课上积极发言，学习并点评研究生学长学姐的学术汇报，从中汲取研究经验，学习切实可行的文献检索与资料收集方法，借鉴学术研究思路，在与学长学姐的互动交流中打开视野、弥补知识点缺漏、锻炼批判性思维，不断积累课题开展的经验方法。

明晰学习计划后，笔者以尽快完成学业衔接、进入深造状态为目的，有意识、有选择地深入阅读相关文献，将阅读内容集中在文学理论、现当代文学学科专著及历史学领域，阅读了《二十世纪西方文学理论》、《被压抑的现代性》、《中国近代思想与学术的系谱》、《混沌的现代性》、《剑桥中华民国史》、"百年中国文学总系"丛书、"民国文学研究论丛"等。受导师主编"民国历史文化与中国现代文学研究"丛书及相关研究启发，结合实际生活、阅读体验进一步深入研究兴趣和学术展开方向——"民国初成都本土文艺报刊"，并在前期资料搜集的基础上，通过细致的文本细读、材料整理及对民国初成都文艺生态（报刊经营、舆论政策、教育阵地）的初步探索，尝试解析其对蜀地"地方现代性"的促进及在中国现代文学中的意义，探索蜀地"地方路径"建构"现代中国"的可能性与阐释方式。在与导师及同门师兄师姐的积极沟通下，笔者深入学术训练，由民国初成都报刊《娱闲录》着手深挖，再广泛阅读成都民国初其他文艺报刊及带有文艺因素的其他报刊，从语言风格、创作倾向、栏目设置、广告排版、时事反应、作者群、舆论互动等方面剖析刊物的生成方式、新旧特点，并将其横、纵向与清末成都本地、全国地区代表性的近代刊物，相同时期或此后创建的其他文艺副刊、文艺杂志如《新青年》、《晨报副刊》、《学灯》（上海《时事新报》副刊）、《觉悟》（上海《民国日报》副刊）、《京报副刊》对比研究，挖掘其在蜀地的文化场中萌发的现代特质。系统梳理、阅读成都近代历史、文化史、出版史等资料，力图用"成都史实""成都体验"解决成都问题，从文学生态角度探索成都民国初"新文化"与其他地区的异质性和相同之处是如何"演变发展"而来的，并联系中国近代历史、文化传统、文学机制进行宏观比较，有意识地加强理论功底，系统学习以埃斯卡皮为代表的"文学社会学"，加斯东·巴什拉的空间诗学，贺麦晓的文学周边研究，吉尔兹的"地方性知识"，以曾大兴、王恩涌、杨义为代表的文学地理学、文化地理学理论，丰富理论视野，培养问题意识。

在经费保障及对学术能力的超前训练下，笔者主导参与的大创项目"长征的文学书写及其影响研究"立项为国家级并获得"优秀结题"荣誉。项目主要搜集关于长征的诗文及新闻报道、回忆录、日记、政治报告等，分析其呈现的主要文学特征（包括整体特征、阶段特征、区域特征）和产生的文学史影响，并创建微信公众号实时跟进研究，实现项目研究过程与成果并重和成果多样化，和团队共同完成27万余字的中期成果，约承担8万余字，锻炼了文献阅读、原始资料考辨、文本批评等能力。

如上所述，在"双特生"培养制度提供的机制保障、科研训练、心理支持的帮助下，笔者迅速摆脱了本科阶段初期的懵懂和稚嫩，逐步获得了相对成熟的科研思路，建立了扎实的基础知识储备，制定了清晰明确的学术计划，形成了自信从容的精神状态，逐步由研究生学术沙龙的旁观者身份过渡到参与者，客观上为"本科生阶段如何衔接学术沙龙"和本、硕、博贯通式人才培养模式提供了一条具有一定借鉴思路的可行路径。

学习共同体

基于四川大学拔尖计划平台下的学习共同体探究

徐子恒

四川大学文学与新闻学院

在现代高校教育实践中,"学习共同体"并非一个陌生术语。它作为教育创新理念的核心命题之一,在"教"与"学"的互动中被广泛采纳并积极付诸实践。立足于四川大学高水平研究型综合学科平台与拔尖计划学科交叉的贯通培养模式,参与拔尖计划的学生(简称"拔尖学生")积极参与构建学校学习共同体,丰富了学习共同体的内涵与外延。但学习共同体的概念、内涵与外延之界定仍有待进一步探究。因此,本文以拔尖学生学习共同体为研究对象,通过回溯拔尖学生参与学习共同体构建的实践历程,探究学习共同体的概念、内涵及外延界定。

一、学习共同体的概念分析

(一)"共同体"概念溯源

"共同体"概念源于社会学领域,滕尼斯在《共同体与社会:纯粹的社会学基本概念》一书中写道,共同体是建立在"本能""习惯""共同思想""共同记忆"上的"原始"的"天然状态"的统一体。[①] 因此,最初的人类共同体意识必定建立在感性意识上,受到血缘和地缘的影响。

随着工业化与城市化发展,受现代理性意识驱动,人口加速流动以获取个人利益,打破了个体与集体的联结关系,消解了传统共同体意识。在社会契约的联结中,人被视为社会运转的工具,而其情感需求、身份认同并未受到关照,逐渐丧失了主观能动性。人们再次呼唤共同体意识的复归与当代共同体的重建。

赵键指出,当代共同体意识本质特征由天然形成的"共同思想"向通过对话协商形成的"共同认识"转变、人员结构的同质性向异质性转变、凝结人群的共同地域向成员关系的"脱域"转变、单一身份认同向多种身份认同转变。[②] 这一转变过程为界

---

① 纪河,朱燕菲. 继承与创新:由共同体走向学习共同体 [J]. 中国远程教育,2019,(10):74-79.
② 陆一,史静寰,何雪冰. 封闭与开放之间:中国特色大学拔尖创新人才培养模式分类体系与特征研究 [J]. 教育研究,2018,39(03):46-54.

定学习共同体的概念、内涵与外延提供了理论基础。

(二) 学习与共同体的有机复合

学习共同体作为一个复合概念，其复合理据何在？为何将学习与共同体复合呢？其概念是学习与共同体原始意义的叠加吗？要回答上述问题，需进一步分析二者的内涵与关联。

学习的核心在于知识的生成，知识是内嵌于社会的，因此，学习必定与社会发生联结，也就是必定与群体发生关联。并且，学习者自幼年起便适应了学校这一公共学习场域，习惯在群体中获取或创造知识，渴望在群体中被认可、被分享以建构身份认同。同时，与学习复合的也并非上述共同体的原始意义，而是在现代教育语境下重构的意义，即支撑知识生成、学习者成长、共同体增值与教育创新的平台，从而成为构建学习型社会的坚实基础。因此，学习与共同体的复合具有必然性与可行性。

(三) 学习共同体的误读

在以上论述中，我们认识到学习与共同体是有机融合、彼此渗透的。但部分组织割裂了这种联结，片面认为共同体仅仅是为学习服务的形式。这种误读需要引起高度重视：学习共同体不等于共同学习。共同学习是强制的、碎片化的、断裂的，在横向上将学习者组织起来进行某一具体知识的学习；学习共同体是自愿的、系统化的、连贯的，在纵向上将学习者凝聚起来培养终生学习的能力与意识，让学习与共同体"永恒在场"。

以学习讨论小组为例，若仅将其视为共同学习组织，强行区别组内角色分工，势必导致领导者与非领导者的割裂。领导者垄断话语权，导致非领导者被边缘化，参与度越低越不利于学习行为的发生。讨论小组虽建立在某一预设的主题上，以问题为导向，但对话协商不畅通，势必导致一方被闲置，造成资源浪费，更无法完成预设的学习任务。

(四) 学习共同体的特征与意义

结合上述共同体的原始意义与当代意义、学习与共同体的有机复合以及学习共同体与共同学习的辨析，学习共同体可概括为：以共同体概念与求知识主观能动性为基础、以对话协商的协作行为为保障、强调知识生成与身份建构、多层次嵌套式的学习者统一体关系。

就其特征而言，学习共同体具有自发性、对话性、包容性与层次性。

首先，自发性基于先天的共同体意识与后天的共同体认识，以及学习者求知识的主观能动性，这是学习共同体形成的认知基础、精神动力与首要前提。

其次，对话性是将自发的认知与精神实体化的行为保障，尽管应否定机械的契约与组织，但学习共同体必然在对话协商的人为设计与组织中形成。

再次，包容性意味着异质的学习者可以在学习共同体中获得归属感、构建身份认同，以情感的需求平衡对功利的渴求，求同存异正是共同体的生长点所在。

最后，层次性建立在包容性之上，更表现在整体与局部的多层嵌套结构，学习者可以在多个嵌套结构中自由流动。

在此基础上，我们不难看到学习共同体蕴含的丰富意义：知识生成机制、学习者成长机制、共同体增值机制、教育创新与学习型社会的构建。

首先，基于求知识的主观能动性，学习者携带多元知识背景参与学习共同体，提出疑问、参与对话、进行协商，进而碰撞出思想火花，促进知识生成。

其次，知识生成最直接地促进学习者的成长，同时因参与协作，学习者在共同体中被提问、被认可、被分享，获得"求同存异"、妥协与坚守等认知增长并渐渐融入共同体，获得归属感与多元身份认同；同时，在从新手到熟手的成长体验中，由参与者向建设者身份转化，进一步推进学习共同体发展。

再次，学习共同体的包容性与层次性决定其具有强劲的生命力：由同质向异质、由单层向嵌套结构转化；同时，共同体中个体与集体是密不可分的，学习者个体的成长实际意味着学习共同体整体的增值，个体在集体中成长，而集体因个体的成长获得意义。

最后，学习共同体的不断发展，打破了传统教与学模式下知识的单向流动，创造了新的学习场域、学习途径与学习心理，促进了教育创新。教育是民族振兴与社会进步的基石。学习共同体的构建必定助力学习型社会的发展，这不仅是理论层面的，更是实践层面的。在学习共同体中发展起来的学习者，具有向学向群心理、对话协商心理以及共同体关系网，无疑有益于引导全民乐学好学，培养积极对话协商的和谐氛围，增强集体意识与大局观念，促进资源共享、人际互融与价值共建。

二、学习共同体的实践探究

我们在之前的论述中进一步认识了学习共同体的内涵及意义。实际上，四川大学拔尖计划2.0学生依托四川大学健全的综合学科平台、完备的教学资源设施、浓厚的学术研究氛围以及拔尖创新人才培养计划，已开展了多层次、多样化的学习共同体实践。以下我们进一步对拔尖学生参与的学习共同体实践进行探究。

（一）拔尖计划平台下的学习共同体

1. 拔尖计划平台资源

教育部高教司前任司长吴岩指出，构建基础学科高质量人才培养体系应遵循"四全一破一新"总体思路，坚持"选拔—培养—评价—使用—保障"五环联动。四川大学吴玉章学院结合自身实际,贯彻"强基础、厚通识、宽视野、多交叉"理念,制定了独具川大特色的拔尖学生培养方案。

首先,学院制定了拔尖人才遴选与动态进出机制,考查学生的综合素养、专业水平与心理健康状况,选拔出具有潜在学术素养的学生。其次,制定了书院制,所有拔尖学生均由玉章书院集中管理,为学生提供充分交流、共同学习的学习生活场域。再次,制定了导师制,凝聚了一批学术成就卓著且真正有心育人的教师,解决学生学习生活困惑、引导学生发现学术兴趣并逐步培养科研能力[①];最后,学院推进交叉学科建设,通过一班多专业、一寝多方向等安排,在物理空间与精神空间为学生提供多学科交叉讨论研学机会。

拔尖计划平台集中全校优质资源,为学习共同体的构建提供了制度与物质支撑。在此基础上,拔尖学生广泛参与了组织型学习共同体、自发型学习共同体与学科交叉学习共同体实践。

2. 组织型学习共同体

(1) 学院牵头组织型。

学院开展了诸如"玉章科技月"荣誉学生学术论坛、创新拔尖人才学术论坛等学习共同体实践。其中,"玉章科技月"荣誉学生学术论坛旨在推进研究性学习、培养创新创业能力、构建学科交叉融合的科研创新团队、完善科研成果孵育机制[②];在创新拔尖人才学术论坛中,近90余名师生参与学术报告和评议,交流分享学术经验,探索贯通协同新途径……

通过学院组织可以更好集中资源,创建共同体平台,极大扩展了学习场域,促进了系统化、制度化、规模化的学习共同体构建,并通过产学研相结合促进科研成果转化,也推动学习共同体理念向产业、社会传递,形成了链条式多中心社会型学习共同体。

(2) 导师牵头组织型。

导师牵头组织的学习共同体更具专业性、针对性、高精尖性,包括人文社科类的读书分享会、理工医学类的科研实验等。此类型的学习共同体包含了新型"学徒"机制与观察机制。

首先,新型"学徒"机制是一种建立在视域融合基础上的师生平等对话机制。与教室环境内的师生关系不同,它更类似于"手工作坊"环境内在实践中手把手教学的"师傅—学徒"关系。这种关系并非严格区分二者次序,而将双方视为在同一"行业"中的平等个体进行实践互动。同时,这种关系存在的目的并非是完成外在规定的教学任务,而是为了真正实现"出师"的目的。

---

① 杨皓岚,李培培. 玉章书院拔尖创新人才培养实践与探索[J]. 科教导刊,2021,(10):7-9+30.
② 程玮. 学习共同体实践路径[J]. 中国成人教育,2010,(15):139-140.

这一目的即双方的共同愿景与视域融合交点。为达到此目的，"师父"倾尽毕生所学传授技能，"学徒"心无旁骛学习技能并将学到的东西内化为自己的"本领"。而"新"则意味着"师父"并非机械传授知识技能，而是传承一种道德品格、治学态度、思维模式。以笔者为例，在与李怡老师交流的过程中，笔者学会的不仅是现代文学史中的某一条目，更学会了如何适应"散点"式教学、如何回到历史现场触摸其丰富肌理与细节、如何发挥主观能动性参与到学习共同体之中，等等，受益匪浅。

其次，观察机制是指在"作坊"里对其他"学徒"的观察。传统的教学环境割裂了各年级的互动，而"作坊"正提供了这样的机会。由于资历相近，双方不存在断崖式的能力差距，更容易获得身份归属与认同。在此心理基础上，学徒与学徒之间不是仰望，而是自觉细致的观察与模仿。尽管视觉误差无可避免，但在观察中学习仍能最大限度实现自我潜能开发，提升与他人深层次对话的能力。例如，在读书分享会上，一位学姐就现代文学史研究中"倒放电影"提出疑问，引发了笔者对绝对还原历史真相的再思考。

3. 自发型学习共同体

相较于组织型学习共同体，自发型学习共同体往往具有碎片化、小型化、临时性、非正式、非专业的特征，且对学习者主动性、自发性与反思性提出了更高要求，否则将沦为形式上的共同学习。但从组织向自发过渡是构建更高层次学习共同体的必然途径，也是构建学习型社会的必然要求。以下对拔尖学生自发学习共同体活动中几点特征作简要分析。

（1）学习导向与兴趣导向。

目前，绝大多数自发型学习共同体均基于学习导向或是兴趣导向。

基于学习导向的自发性学习共同体是指在课程要求下自发形成的讨论小组。这种交流群体致力于解决课程中的某一问题，如近代史纲要课的小组展示、外国文学课的戏剧展示等。这种交流群体最能体现出由组织到自发的特点，且具有一定学习共同体的雏形，即一定的问题导向、共同体意识、主观能动性、身份认同与对话协商行为，但往往不能长期维持共同体关系，具有临时性且在精神层面的凝聚程度较低。

基于兴趣导向的自发性学习共同体是指，部分同学在共同兴趣爱好基础上自发形成的交流群体。这种交流群体致力于满足分享欲，深入探究兴趣领域，如共读小组、观影小组等。这种交流群体在兴趣爱好驱动下产生，具有强烈的主观能动性，更能为学习者提供身份归属、价值认同与意义建构，具有极强的凝聚力与持久力。

然而，此种学习共同体具有较大局限性。

首先是人员参与有限。兴趣爱好往往是隐性的，不容易洞察，部分不擅于社交的同学难以发现共同爱好群体。

其次是正确引导缺失。当代社会信息膨胀、价值多元，部分缺少判断力的同学容易受恶劣风气引导养成不良兴趣爱好，并因强烈的归属感导致"成瘾"而难以纠正。

因此，进一步挖掘共同体生成机制并引导学习者养成独立判断与思考的习惯、构建积极向上的学习共同体尤为重要；我们也应鼓励学习者将学术兴趣同国家发展需求紧密结合，自由探索，勇于创新。

（2）正式与非正式。

正式与非正式问题关涉内容与形式两个方面。

就形式而言，该问题体现在组织与自发的关系上：通过行政化设计与组织能否构建学习共同体？而其构建的组织与学习共同体内涵又是否相符呢？事实上，据之前的论述，组织为学习共同体提供了学习空间、制度保障、资源支持等，其内核仍属于对话性这必不可缺的一环。组织和自发是相互促进的，而非相互排斥的。

就其内容而言，该问题体现在学习者的态度上，是否重视学习共同体本质上体现了是否具有共同体意识、是否具有求知识的主观能动性，以深度融入集体对话协商的学习共同体中，而不是表面参与或自我隔离与边缘化。以一种正式的具有仪式感的态度对待学习共同体，才能让学习共同体理念落细落小落实，充分渗透学习者学习实践的方方面面。

（3）同级互助与跨级指导。

值得注意的是，目前学生面临双重压力：一是横向与同级学生的比较，二是纵向对未来发展的迷惘。这种压力体现在无意义的低效内卷与无规划的随波逐流，这是与学习共同体的初衷背道而驰的。在之前的论述中，我们认识到观察机制之所以效果显著，是由于水平相仿带来的心理认同。推而广之，为缓解学生的心理压力，学校和学院应积极构建同级互助与跨级指导的学习共同体。

一方面，要鼓励同级学生通过学习方法互鉴、学习资源共享、学习成果互赏等方式进行相互学习、相互监督与批评反思；另一方面，要推动跨年级的互动平台建设，以熟手带新手，为低年级学习者提供生涯规划、情绪疏导等帮助，更好促进学习共同体中学习者向建设者的身份转化。通过构建新型"结对子"式伙伴关系与信息资源共享性的学习互助系统，为开放式学习共同体提供支持。

4. 学科交叉背景下的学习共同体

目前，四川大学学科门类齐全、学科体系完整，具有得天独厚的学科交叉优势。事实上，学科交叉与学习共同体的内涵是高度相符的。

第一，研究解决重大现实问题是学科交叉的重要基础。单一学科应对当今综合性、复杂性较高的现实问题能力较弱，在这样的情况下，跨学科、跨领域协同攻关就成了必然要求，体现了强烈的共同体意识与主观能动性。

第二，有组织地进行科研是学科交叉的重要途径。各高校积极探索有效的科研组织模式，由单一学科研究到跨学科研究、由高校自主研究到政产学研结合。这种新型科研组织模式必然需要对话协商、广泛合作，促进科研资源共建共享、有效调动各方积极性与主动性，避免简单拼凑成果。

学科交叉应真正打破学科壁垒，避免信息茧房的出现，并帮助学生重组思维模式，由单一学科学习共同体向跨学科的多个嵌套学习共同体群转向，实现协同优势最大化。

（二）四川大学平台下的学习共同体

1. 文学与新闻学院组织的学习共同体

学校是最重要的学习场所，学期内构建的学习共同体是个体学习的原点。但若仅仅在学期内进行学习共同体实践，则无可避免地具有片段性。只有推进学习共同体实践常规化，才能引导形成终身学习观、构建学习型社会。

2022年寒假，文新学院2021级本科生开展了寒假领读计划，学生被分为文学经典研读与论文文献研学两个小组。文学经典研读小组以《文艺美学专题研究》为必读书，开展精读，各组员自行选定额外经典进行泛读，每周固定开展三次线上读书分享会。小组成员踊跃发言，对文艺美学、现代文学研究、结构主义、大众传播学等话题展开充分讨论，并撰写了若干篇读书笔记与学习心得。

这一实践体现了学习行为的常规化由强制性学习向非强制性学习转化，将学习意识、共同体意识融入学习者的生命体验与人生观，并以个体为中心辐射家庭、社区等单位，以"先学"带动"后学"，突破了学校这一单一学习场所，为构建"家庭－社区－社会共学"的学习型社会贡献了一分力量。

2. 学习型社团组织的学习共同体

兴趣导向型学习共同体进一步深化、制度化，通过结社形成了校园学习型社团组织，如四川大学诚社、白象学社等。诚社开展了《诗经》共读、《论语》共读与"学国学，教国学"等三个儒家经典研读讲学活动；白象学社则开展了以中国现当代文学为主题、以鲁迅为主要研读对象的相关活动。

此类社团将领读－共读相结合，搭建多元一体的嵌套式学习共同体结构。罗斯曾提出，要引导学习者在局部存在不良定义问题的情境中学习，体验知识生成的不确定性、模糊性与社会性。正是在未知学习领域的摸索，给予了学习者更为真切的知识生成机制的体验，让他们认识到应根据自身水平与知识导向设计学习目标，通过提问－回应的方式充分展开对话协商，促进知识的传递与生成。

三、结语

学习共同体是以共同体概念与求知识主观能动性为基础、以对话协商的协作行为为保障、强调知识生成与身份建构、多层次嵌套式的学习者统一体。它是在共同体原始意义基础上，与现代教育理念融合创新而产生的复合概念，具有自发性、对话性、包容性与层次性的四重特征，旨在促进知识生成、学习者成长、共同体增值、教育创新与学习型社会构建。

在此基础上，四川大学拔尖学生依托四川大学与拔尖计划平台开展了广泛实践，构建了组织与自发相结合、强调学科交叉与学习场域延伸的多层次学习共同体，为学习共同体理论内涵挖掘与组织实践改革提供了宝贵经验。未来，四川大学拔尖学生将进一步充分利用双平台潜在资源，在学习共同体中走向卓越。

在拔尖班学习共同体中实现自我发展的心得体会

李欣航

四川大学文学与新闻学院

一、作为学习共同体的学院和班级

学习共同体是对传统课堂的补充和扩展。在传统课堂中，学生进行的是个体化学习，在学习过程中缺乏交流。而学习共同体的构建，促使学生将学习目标从以自我为中心的"小我"目标转变为团队协作共赢的"大我"目标。

学习共同体继承了现代共同体"协商""异质""脱域""多重互嵌"等特征，基于泛在学习、建构学习、深度学习等学习理念，发展出"无处不在""和而不同""导向卓越"等特质。对于学习共同体的特征，萨乔万尼提出反思、发展、多样化、对话、关怀和责任感等关键词；雷威德提出尊敬、关怀、包容、信任、授权、承诺等关键词。这些描述基于不同时代背景与角度进行了逻辑推演，从不同层面展现了学习共同体的基本特性。根据查阅的资料，笔者对学习共同体产生了一些理解。共同体有三大哲学：首先是公共性，公共性最早来源于公共领域这个词，认为来自不同文化背景、各式各样的人在共同的学习空间相互交流，相互开放。其次是民主主义，它不同于政治中的民主，而是指在一个学习空间中每一个个体都应当受到尊重，拥有平等的权利。最后是卓越性，学习的最终目的是追求每个个体的"卓越性"，即追求学习者自我内心的满足。

朱熹曾经说过："无一事而不学，无一时而不学，无一处而不学，成功之路也。"学习不应该仅仅局限于课堂，以任何方式在任何时间任何地点都可以进行学习，因此，只要合理建立学习共同体，就能够使"无缝学习""普适学习"成为可能。在四川大学吴玉章学院（简称"吴院"），生生、师生之间的交流让我们得以在任何时刻获取所需的任何信息。

吴玉章学院将不同专业的学生聚集在一起，让他们在小组活动和讨论交流中，能够接触到有不同知识背景的同学，也因此能够用更丰富而非单一的视角来看待事物和进行学习。每个人都可以畅所欲言，让不同的思维相互碰撞。在这样的氛围中，学生如果想要实现自身的发展进步，一定要有足够开阔的胸怀和积极交流的心态，肯于去倾听不同的声音，这样往往会有意想不到的收获。笔者深切地感受到吴院学习共同体"和而不同"的宝贵特征。同学院同专业的学生对待问题很容易形成共同的理解和认识，具有极大的同质性，然而，吴院学生来自不同学院不同专业，其异质性决定了生生之间需要通过协商合作产生共同的目标和理解，这正是对学生交流能力的锻炼。

二、经验总结

经过一个半学期的学习，笔者认为，想要利用好学习共同体带来的便利，不能仅仅依靠学院、老师提供的有益条件，学生还需要有意识地树立正确观念，掌握学习技巧。

首先，我们需要树立身份认同和意义感知，确认自己的归属感，积极主动地融入共同体，主动参与讨论交流。学习共同体这一概念蕴含了主动性、自发性等特征，它们是学习共同体产生的根本动力，而归属感、身份认同和意义感知是学习共同体生成的情感纽带。学习共同体中的成员不能只是被动地前进，而要在个人与集体统一的前提下控制自己的步伐。共同目标和理解的形成绝不是一蹴而就的，所有成员必须真正从心理上感受到联结，并且主动探究、积极合作、对话协商，才能从边缘参与发展到中心参与，收获学习成果，提升个人能力。

其次，"拔尖计划"实行"学业导师＋科研导师""国内导师＋国外导师"的"双导师"制，全程护航学生学业成长；开设"科学、哲学与人生"研讨课和学生论坛，为学生提供与大师面对面交流和跨学科研讨的机会；通过设立"拔尖计划"学生出国交流资助专项奖学金，实施英语运用能力提升奖励计划，提供专用研讨室、建设专用图书室、实验室等措施鼓励并支持学生开展研究性学习，为学生提供一流的学习条件、学习环境和学习氛围。我们应该充分利用学院提供的资源。积极和导师交流，向同门学长学姐请教，根据他们的宝贵建议自我完善，从与他们的交往中积累经验。利用好学院的优惠政策，如优先选课权，有助于我们选择对自身全面发展或深入研究有益的课程；又如参加丰富多样学术讲座的权利，能够有效地帮助我们开阔视野，深化思维，让我们有机会与大师交流，了解学界前沿的研究成果。

最后，我们既要有宽阔胸怀，肯于接受共同体其他成员的意见和建议，也要对自己有明确的认识，树立清晰的目标。学习共同体中的资源是多元化的，我们应该对自己的目标和追求有合理的计划，按照自身需要使用资源，而不是人云亦云，被他人的脚步带偏了方向。这就需要我们把握好群体和个人的平衡。

三、个人体验

入选拔尖班让笔者获得了许多宝贵的资源。不仅包括学院共享图书馆、自习室、研讨室等硬件资源，还有让我倍加珍惜的精神资源。比如，学院为每个同学分配了导师，让我们刚刚进入大学就有机会接触前沿的学术信息。笔者参加了李怡老师的读书会，在读书会上和大家一起同《嬗变——辛亥革命时期至五四时期的中国文学》的作者刘纳老师进行了线上交流。硕博士研究生学长学姐们的发言，让笔者受益匪浅。不仅让笔者了解了富有经验和学术积累的前辈们思考问题的角度，也让笔者对相关问题的见解有了更进一步的认识。再加上导师的讲解和作者本人的回应，更是使笔者对《嬗变——辛亥革命时期至五四时期的中国文学》这本书的认识一下子加深了许多。记得在读书会现场，小小的房间里挤着许多人，虽然我并不认识每一个人，但是我们都在思考同一个学术问题，这种联结感让我充满了归属感和学习热情。在参加读书会之前，我很少有机会用这种集体讨论、共同研究的方法来学习，也很难获得像这样深刻、全面、多元的认识。

学习共同体建设强调团队组织的合理建构和伙伴关系的建设，让每一个团队成员都能从中获得最大收益。导师等学习引领者的有效介入，更能支撑这个群体的有效运转。

与拔尖班的同学们相处为笔者带来的最直观体验是，每位同学都有极为明确的兴趣方向，并且对自己感兴趣的领域有丰富的积累和独特的见解。笔者在拔尖班结识了一群这样的同学，与他们每个人进行交流都能使笔者受益良多。而这种收获不同于简单地了解到一个专业知识，更在于体会每个同学产生的独特感受。比如，有的同学对于古希腊文学了解很深，有的同学则偏爱古典文学，他们在课堂上总能提出有价值的观点，作为听者，笔者受益匪浅。一方面，作者在听取同学们的观点后，可以在此基础上总结出自己的主张；另一方面，优秀的同学激励了笔者不断汲取知识，与同学共同进步。拔尖班的成员既是同学也是朋友，对笔者来说是绝佳的交流伙伴和学习资源。我们志同道合，都对文学和写作怀有强烈的热情，却又有截然不同的风格和理解。我们经常从一个主题开始进行讨论，轮流发表自己的观点，并且逐渐向外延伸，从一个局限的话题一直讨论到更宏观的视野，从一个较浅层的观点挖掘到更深层的内涵，这种交流不仅轻松有趣，而且能极大地开阔视野，让作者得以了解身边的"中文人"都有着怎样的见解。笔者常常会在交流结束之后将交流的内容记录下来，在寝室内部进行讨论，并在备忘录里记录自己在讨论中获得的启发。仅仅过了一个学期，笔者记载相关启发的文档已达万字。除了学术知识，笔者还了解到了钟情于浪漫主义、乡土文学、意识流的同学对文学创作的不同追求和见解，了解到许多不曾接触过的专业术语和文学流派，在室友的指导和带动下"啃"论文，读原典。比起从书本上，从课堂上学到的知识，通过这样的交流和讨论获得的知识更不容易从记忆中褪色。每当回想起这些知识，我总是会想起当时与同学们热烈交流甚至争辩的情形。除此之外，拔尖班的设立给了笔者一个极其有益的学习环境，也为笔者带来了一种温暖、舒适的情绪性体验。学习的过程纵使有挫折和困难，但更多的是幸福。同学们莫不对老师传授的内容充满兴致，经常聚在一起研讨分享；其他同学对自身学习的严格要求深深地感染、带动着我，让我不敢放松对自己的鞭策。课堂上的学习不可避免地将学习本身看作了一个达到功利性成果的工具，因此，仅有课堂上师生单向的知识传授是不足够的，学习共同体中的交流是不可缺少的重要补充，不仅是知识的补充，也是情感的补充，还是一种学习的快乐和交流探讨的快乐。参与共同学习所带来的精神愉悦与志趣相投的归属感、伙伴关系和团队组织构建的成就感是其主要的价值取向。环境对人的影响是巨大的，笔者很幸运能在拔尖班这个学习共同体中找到归属感和追求。这个学习共同体所提供的平等、充满热情的群体环境，满足了同学们自我实现和互利共生的需求。

四、总结

吴玉章学院这一大学习共同体和拔尖班级这一小学习共同体，带给笔者不同形式但同样珍贵的学习助力。虽然笔者在拔尖班的时间不长，尚没有形成全面的学习体验，但仍然能够深刻地感受到，拔尖班共同体中的成员通过与老师、与其他同学的交流与合作，在多样思想碰撞下，重新产生并雕琢自己的思想，通过深度合作获得个人的专业成长，又因个人的发展带动整个共同体向好的方向发展，形成良性循环。学习共同体更加侧重学生个体之间的相互扶持，学生的学习不再是单个个体的孤军奋战，而变成有计划、有重点的集体攻坚战。班级群体下的每一个人都不再是孤立的学习个体，而是共同组成一个学习伙伴型共同体，再加上指引者的加入与导航，这样的学习交流中蕴藏着丰富的学习资源，包含着一个个合作学习和进步的契机。把握住这个难得的机会，对自身发展和共同进步都有着重要意义。随着拔尖班学习共同体的建设逐渐走向成熟，同学们会获得的珍贵同伴和有益资源值得每位同学珍藏和重视。

在基础专业课的学习上，拔尖班的同学会并列站在跑道上一同进步，互相勉励，互相追赶；而在各自的兴趣方向上，他们又呈现辐射状向各个目的地前行，中心相汇的那一点就是作为一个班集体的群体羁绊。大家彼此陪伴、相互促进，一起在学习共同体中成为更优秀的自己。

论大创项目对大学生提升自我认知能力的作用

王佳琪

四川大学文学与新闻学院

自第十二个五年规划实施以来，大学生创新创业训练计划（简称"大创项目"）已在全国高校普遍开展。在多年的实践中，大创项目不断得到完善与改进，培育了一批又一批具有创新精神与创业能力的大学生，具有较高的影响力。不少学者对大创项目的运行模式进行了一定的研究，如方梁菲、周昕、张馨悦等三位学者关注"教学－竞赛－大创项目－科研"四融合机器类人才培养模式，该模式通过发挥竞赛的作用，激励大学生将知识与实践相结合；[①] 也有学者指出大创项目在传播过程中存在的问题并提出建议，如吉丽、陈国文、王娟等三位学者针对大创项目在大学生中传播不到位、理解较片面、态度不积极等问题，结合陕南地区高校体育专业大创项目实施情况，提出要加强对大学生的大创项目指导，营造更为浓郁的创新氛围，并且加强学校与学校之间的交流与合作；[②] 还有学者将目光聚焦于大创项目对大学生的影响上，如郑修月、肖瑾、张明香等人认为对大创项目的不同投入度，会对大学生的个人发展产生不同效果，强调大学生应当抓住机会、积极投入，勇于在其中担任重要角色。[③]

概言之，大创项目在丰富大学生课余生活、培养其创新精神的同时，积极响应中央"大众创业、万众创新"的号召，为我国创新事业的持续发展添砖加瓦。大创项目以专业知识为基础、以专业兴趣为导向，鼓励大学生以专业能力解决实际问题，真正做到理论与实践相结合。大创项目在宣传、立项、结项等各个阶段都能够给大学生带来一定影响，尤其可以促进其自我认知能力的提升。在大学生依靠知识技能与专业兴趣参与大创项目的过程中，其自身知识技能能获得一定程度的增长，对自己的能力认知将更加坚定，对本专业的发展前景亦有更多信心，对专业的兴趣自然也能够得到提升。

[①] 方梁菲，周昕，张馨悦. 新工科背景下学科竞赛和大创项目驱动的机械类专业实践教学创新模式探索［J］. 北京印刷学院学报，2020，28（S2）：189－191.

[②] 吉丽，陈国文，王娟. "体育＋"背景下陕西省高校体育专业"大创计划"实施现状及发展对策研究——以陕南地区高校为例［J］. 体育科技文献通报，2021，29（09）：53－55.

[③] 郑修月，肖瑾，张明香，陶玉婷. 大创项目参与行为对大学生个人发展的影响［J］. 合作经济与科技，2021（04）：102－104.

一、参与大创项目的经历和感受

笔者目前是四川大学文学与新闻学院新闻传播学专业的一名本科生,学院规定本专业本科生在校期间首先要进行为期一个学年的大类专业学习,进入第二学年以后再进行专业分流,届时学生需要结合自身实际情况,分别进入新闻学、广告学、网络与新媒体等三个小类专业中,由"学广"向"学精"转变。就笔者就读的广告学专业而言,其主干课程包括"广告策划""广告文案""广告摄影"等,着力于将学生培养成具有扎实的理论基础、广博的人文素养、较强的实操能力、扎实的实践功底的专业型人才。

作为 2021 年度大创项目的负责人,笔者与同寝室不同专业的室友组队,参加了该年度大创项目的创新训练项目。笔者所在的团队(简称"团队")邀请本学院从事传播学研究的教师担任指导老师,指导教师在确定选题、选择方向、明确思路等环节中给予了团队诸多帮助。在确定选题阶段,团队罗列了一些选题方向,诸如大学生理财知识储备调研、当代手机游戏中的文化现象探究、网络文化衍生产品调研、红色乡村文化调研等,在指导教师的指引下,本团队结合专业特性与时代需求,最终确定了选题方向——知识类短视频。

短视频作为一种新兴的娱乐方式迅速崛起,引起了社会的广泛关注,团队注意到短视频中存在大量知识传播现象。针对这种碎片化的知识传播现象,本团队计划进一步探究其形成原因及实际影响。在确立了大体的研究方向以后,团队开始进行资料查找、实例印证与归纳分析等工作。由于现今短视频软件众多,经过反复讨论,团队最终决定将项目研究的切入点缩小在一个短视频平台——抖音上。

在撰写申报书的过程中,团队将申报书的内容划分为不同板块,同时搜集资料,以提升写作效率。为确保思路畅通,在完成申报书初稿以后,团队成员又分别进行了交叉阅读与反复修改。指导教师针对申报书初稿提出相应修改意见,认为申报书初稿缺少相应的实证,建议团队在改进调研形式等方面多下功夫。于是团队兵分两路,一方面广泛搜寻相关案例,另一方面尽量完善调研形式,在申报书中增添了调查对象描述,丰富了调研形式,并加入了调查问卷等元素。在制作调查问卷时,团队反复斟酌问卷题目的先后顺序以及各个选项,团队成员虽然在问题设置上产生了一些分歧,但在指导教师的引导下,诸多问题最终都得到了顺利解决。

在开展大创项目的过程中,团队成员互相支持、密切合作,同时也结识了其他学院的一些优秀学生,既拓展了本团队成员的人际关系,也增强了合作意识、合作程度和合作能力。

国外关于"自我认知"的研究起步较早,1890 年威廉·詹姆斯在《心理学原理》中提出"自我"的概念,将"自我"分为"经验的我"和"纯粹的我",首次把"自我"作为研究对象,开创了关于"自我"研究的先河,为"自我认知"的研究奠定了理论基础。[1]"自我认知"又被称为"自我"或"自我意识",是指一个人在生理、社会、心理方面的发展性认知过程,具体包括对自身的性别、外貌等"生理自我"的认知,对自身在社会生活中的身份、角色、与他人的关系等"社会自我"的认知,以及对自身的能力、人生观、道德品质等"心理自我"的认知。[2]

大创项目对于大学生自我认知能力的提升作用,体现在一个较为长久的过程之中,既包含在校期间的学习过程,也包含从准备参与到正式参与再到复盘总结等系列过程。通过这种系统的学术训练,大学生能够进一步明确自己的专业定位,并且提升对所学专业的兴趣,对今后的专业学习有着深远影响。

二、潜在性的自我认知能力提升

学校在鼓励、引导、支持大学生参与大创项目上,发挥着不可忽视的重要作用。学校全方位发力,注重在营造鼓励创新的氛围、建立科学的激励与考评体系、提供专业的大创项目指导等多个方面给予大力帮扶,对大学生提升潜在性的自我认知能力具有显著作用。

第一,营造鼓励创新的氛围有利于大学生提升自我认知能力。长期以来,学校通过多种方式,致力于营造鼓励创新的氛围。在这种氛围的影响下,学生的综合素养得到提升,学习技能不断丰富,自我认知得到正向发展。

广告学是一门比较注重实操性的专业,在学习该专业的过程中,学生不仅要学习理论知识,还要积极动手动脑,将所学知识运用到实践之中。在学习"广告学概论"这门课程时,学生不仅要学习广告既往的发展历史、历代学者对广告的研究成果,还要为自己量身打造一个广告,将自己"推销"给任课教师。在制作个人广告的过程中,大学生将课堂上的知识加以加工、运用乃至创新,制成视频、音频、平面等多种类型的广告。其中不乏巧思妙想,例如,有学生将自己比作一种药品,写下了"说明书",具体说明自己的性格、兴趣、偏好等;还有学生独立编曲作词,在校园中留下悠扬的旋律;也有学生录制了一段视频,借此将自己"推销"出去……

上文中提到,笔者所在的大创团队在查阅资料时发现知识类短视频在短视频产业中异军突起,这一点其实在广告学专业的课程教学中亦有所体现。"数字广告设计"是广告学专业的核心课程之一,主要讲授 Photoshop、CorelDRAW 等图片编辑类软件的功能及其使用方法。在学习过程中,任课教师更像是一位"指路人"。每次介绍完某款软件的某一项功能,任课教师都会让学生在自己的计算机上进行尝试。任课老

---

[1] 李春青,姜桂娟,邵晓红. 基于"生活技能开发"项目构建高职大学生《自我认知》课程体系的探索[J]. 黑龙江教师发展学院学报,2021,40(02):52-54.

[2] 万春秀,姜桂娟. 从学生成长发展看自我认知课程教学的意义[J]. 黑龙江科学,2021,12(05):1-5.

师在每次上课前都会发布教程，学生在自学课程后保留源文件，将之作为平时作业，结课时统一上交给任课教师检查。这种教学方法在客观上调动了学生的学习积极性，对培养他们养成良好的自学习惯和自学能力有一定作用。

除了提醒任课教师在课堂教学时注重训练学生的自学意识、锻炼学生的学习技能以外，学校还想方设法充分发挥第二课堂的育人作用，积极拓展学生的兴趣爱好，举办各类创新赛事，为学生营造出良好的创新氛围。

第二，科学的激励与考评体系有利于学生获得正向自我认知。除了营造创新氛围以外，学校还运用综合测评的方式激励学生积极参加各类科研项目，主动提升创新能力。

由于不同专业之间存在差异，学院在进行综合测评时，采取的评分标准会根据实际情况进行相应调整。一般而言，综合测评主要分为科研创新能力、各级比赛奖项以及学生工作与集体活动三大板块，大创项目作为科研创新能力中的重要一项，对大学生来说有着特殊意义。科研创新能力板块在综合测评中分值较大，参加大创项目能够在这方面获得不少加分。同时大学生的科研能力在参加大创项目的过程中可以得到提升，令其在综合考评中更具竞争力。此外，学校在本科生培养方案中设有创新学分，本科生在参加各类创新竞赛并取得一定成果后便能获得该类学分。也就是说，本科生是否参与大创项目，在一定程度上决定着其能否顺利毕业。

以"挑战杯"全国大学生系列科技学术竞赛（简称"挑战杯"）为例，该竞赛赛事类型丰富，形式新颖，对大学生来说具有极大的吸引力。四川大学各学院结合自身特点，在展示学院特色的同时，努力调动跨专业、跨学院的学生参与。[①] 例如，外国语学院的挑战杯，比赛形式为外语配音大赛，初赛时，有近200支队伍报名参赛；文学与新闻学院的挑战杯则选择以趣味竞答作为比赛内容，初赛参与人员逾四百人；华西口腔医学院的挑战杯则以雕刻为比赛内容，体现了专业特色。

在各种激励与考评制度的作用下，大学生拓宽了与其它专业的接触面，能够在更大的范围中探索兴趣爱好，进一步明确自我认知，这在一定程度上提高了大学生参与各类创新竞赛的积极性与主动性。

第三，专业的大创项目指导能够帮助大学生提升自我认知能力。学校特意筹建工作小组，专门负责大创项目、"互联网＋"大学生创新创业大赛以及挑战杯等竞赛，为有理想、有兴趣、有追求的大学生持续提供专业的指导。

众所周知，中小学教育跟大学教育具有显著差异，学生在学习态度、学习方法、学习思维等方面都有着明显差别。笔者曾经就读于河北省某县城的重点高中，受"衡水模式"影响，笔者在高中时期曾摒弃一切兴趣爱好，埋头在各类模拟题中。作为高

---

① 刘得扬，赵林．论大学生自主创新与创业的促进因素——从"挑战杯"创业竞赛到"斯坦福硅谷"之路[J]．中国地质教育，2006（03）：113-116．

考改革前的最后一批传统文科生，笔者在初入大学时，由于不了解比赛规则，以为大创项目只能由理科生参加。但是，学校的大力支持给了作为文科生的笔者很大的信心。在大创项目培训会上，相关老师请来具有丰富科研创新经验的学长学姐来传授经验。在面向文科生的经验交流会上，学生不仅能够了解大创项目的基本流程和基本赛制，还能够在与学长学姐对话的过程中收获信心。无论是红色文化传承，还是人文社会调研，抑或者新型农村建设，这些"偏文"的专题在大创项目中都能够占有一席之地。学院曾与学校有关部门进行专项合作，将红色文化传承与互联网技术相结合，成立了一个专业覆盖面广的团队，这显著提升了文科生参加大创项目等竞赛的热情。在经验交流会上，有着多年大创项目指导经验的老师专门强调："文科不是靠边站的，与之相反，相比其他学科而言，文科的大创项目更具人文情怀。"

除了学校充分认可文科生参加大创项目以外，文科大创项目的指导教师亦有强烈的责任心与信念感，对研究文科大创项目的学生给予了高度肯定和悉心指导。笔者所在团队的指导老师在不久前刚休完产假，重回岗位的她在完成教研任务之余，还要兼顾自身家庭。即便如此，她仍然经常与团队探讨项目细节至深夜。这位指导教师在科研方面有着丰富经验，她从确定选题方向到打磨计划书都对团队成员进行了细致的指导，帮助团队少走了许多弯路，也让团队成员生出更为浓厚的专业学习兴趣。

综上所述，学校在专业教学、综合考评、竞赛指导等方面给予学生多种支持，成为学生参加大创项目的坚实后盾，使其在日常学习与生活中增强综合能力、培养创新精神，在潜移默化中提升自我认知能力，从而对专业学习更加投入，提升专业素养。

三、学术性的自我认知能力提升

在参与大创项目的过程中，大学生需要自行搜集与阅读相关资料，从而不断加深对课题的认识与理解。在进一步的研究中，大学生需要打开研究视角，拓展知识储备，提升学术规范意识，其科研创新能力自然会提高。大学生在大创项目中不断总结与反思，为今后的生活与学习积累了经验，有利于其在各类竞赛中取得佳绩。这提升了大学生在学术研究方面的自我认知能力，提升了他们对专业的学习热情与研究兴趣。

第一，大学生在准备大创项目的过程中能进一步了解研究现状。以笔者所在的团队为例，在确定以知识类短视频为研究对象以后，团队开始从学术研究的视角看待抖音。在使用抖音时，我们明显感觉到抖音将用户的视野聚焦在他们尤为感兴趣的领域，这种现象恰恰印证了伊莱·帕里泽的"过滤泡"理论。发达的大数据算法根据用户的个人喜好，将丰富的内容进行过滤和筛选，用户接触的内容基本都是用户喜欢的，这在形成高度个人化的网络空间之时，也相对阻隔了用户接触新事物的可能性。

在了解了抖音的运行规律以后，团队通过阅读文献得到了许多有关短视频的知识。在尽可能利用各种资源的基础上，团队充分借鉴前人经验，分析知识类短视频的产生原因、内容形式以及传播效果等。团队在这一阶段查找了许多跟新闻传播学有关的学术期刊，在阅读学术期刊的过程中，了解到诸多学者对知识类短视频的研究成果，也发现了诸如"网络人际传播""互联网对传播行为的影响"等有趣课题。

概言之，大创项目给许多大学生提供了接触科研的契机，这个契机如同一颗种子，在他们的心中扎根、发芽、生长，由此带来的影响无疑是深远的。

第二，大学生参加大创项目有助于提升学术能力。大创项目对于少有机会接触科研的大学生来说，是一个可贵的接受学术训练的机会，对提高他们的学术能力是十分有益的。

以笔者所在的团队为例，大多数人在观看短视频时，是抱着娱乐消遣的心态的。然而，当我们以学术研究者的角度来观察短视频的共通之处与特别之处时，需要从海量的短视频中甄别出符合主题的类型，这个甄别的过程很好地训练了我们的归纳与总结的能力。在阅读学术期刊时，团队对论文的写作格式有了初步了解，并且在阅读的基础上进行分析与模仿；同时，在分析文献的过程中，团队成员对论文的理解分析能力大幅提升，这在一定程度上增加了本团队开展学术研究的信心。

在撰写大创项目申报书时，本团队成员根据各自的特长进行分工，共同细化知识类短视频的类型，并且对其进行深入分析。除了分析知识类短视频的时长、内容外，团队还关注其发布时间与发布内容之间的关系，统计了视频播放量与"抖主"带货之间的关系。上述这些举动培养了团队成员发现问题与分析问题的能力。

项目申报书初具雏形时，团队的假设也渐渐明晰。团队发现，知识类短视频的传播行为在客观上印证了新闻传播学的一些基本理论，这给团队继续进行研究带来许多信心，也从侧面肯定了团队的研究思路。

在观察、分析与总结的过程中，团队成员能够清晰地感受到自身学术经验的增长，对科研的畏惧心理逐渐减轻，所学知识也在实践中得到了验证，这些都是自我认知的正向反馈。简言之，自我认知愈发清晰，便愈有动力投入后续的学习与研究之中。

第三，学生在大创项目中可以进行自我反思。客观而言，笔者所在的团队在此次大创项目中未能取得理想成绩有着多方面原因，对之进行反思能够为下次参加大创项目积累一些经验。首先，团队在一定程度上抱着"试水"的心态来参加此次大创项目，少数成员参加这次大创项目仅仅是为了了解相关流程，所以，他们以应付的态度走完了整个过程。其次，团队准备的时间较短，撰写的项目申报书缺少深入的理论分析，案例分析不够细致。再次，团队成员基本都是初次参加大创项目，之前没有任何相关经历，难免会产生畏难情绪。最后，本团队没有利用好现有资源，没有仔细研究大创项目官网上的成功案例，在一些方面有所欠缺。

尽管笔者所在的团队在本次大创项目中没有取得理想成绩，但是我们对下次大创项目仍然满怀信心。团队由知识类短视频延伸出许多颇具价值的研究方向，基本已经确定下次大创项目的选题方向。为了在下次大创项目中取得更好的成绩，我们会吸取之前的经验教训，不断提升自身能力。在专业学习方面，我们会进一步加强对新闻传播学的了解，提高专业理论素养，在学习中发现问题、思考问题；在组建团队方面，我们需要结识更多具有科研意向的同学，不能仅凭关系亲密度来排序组队。

四、结语

参与大创项目的经历，对大学生而言，不仅是一次难能可贵的学术训练机会，也是一次锻炼人际交往能力、树立自我认知的机会。在酝酿筹备大创项目、正式参加大创项目、复盘大创项目表现的过程中，大学生的自我认知能力得到了提升，对专业的研究兴趣也逐渐增长。渗透进日常教学中的创新教育、专业的大创项目指导、科学的激励考评制度，在潜移默化中增加了大学生的信心，提升了大学生的自我认知能力，增长了大学生对大创项目的兴趣。同时，这些方面在客观上鼓励大学生在学习中发现问题、提出问题、解决问题，有利于增强其对专业学习的兴趣。在参与大创项目的过程中，大学生的科研创新能力、团队协作能力得到锻炼与增强，也有了一定的科研经验，这将帮助他们在今后的学术研究中少走弯路。此外，在参与大创项目的过程中，大学生的自我认知得到反馈，对自身能力有了更为清晰的了解，对自我的定位也得到了进一步明确，在今后的专业学习中亦会更有积极性。质言之，参加大创项目的过程提升了大学生的自我认知能力，大学生的人际交往能力、团队协作能力、科研创新能力以及自信心都有不同程度的增强，有利于其在未来的专业学习中寻找自己感兴趣的方向。

在往复中前进：试论大创项目与大学生专业学习的关系

余贤隽

四川大学文学与新闻学院

21世纪是发展的时代，也是变革的时代。随着经济与科学技术的快速发展，社会各行业关于运营模式的转变以及对专业人才的需求上升到了新层面。在这个变革的时代，教育毫无疑问应该走在时代前列，如何培养出适应新时代社会需要、具有全面综合素质和过硬专业素养的人才成为教育改革面临的重要问题。作为从以接受式为主的中小学教育到鼓励独立创新性的研究生教育的衔接过渡阶段，本科生教育不再局限于知识的接受和书本的内容，而是不断探索、批判、反思与进步。"培养符合时代要求的高质量合格本科生是高等学校的职责所在，也是其核心任务。"[1] 因此，如何全面提升本科生培养的质量是高等教育行业变革发展的重中之重，为此，相关部门实施了一系列革新举措，其中包括近年来本科生培养中的一块"肥沃的试验田"——大学生创新创业训练计划项目（简称"大创项目"）。

大创项目是教育部在"十二五"期间实施的"高等学校本科教学质量与教学改革工程"的重要内容之一。自2012年第一届大创项目举办至今，共有超过一百万名大学生投身其间。整体而言，大创项目"依据以兴趣作为驱动力、实现学生的自我实践、重视创作环节内容和过程、突出实战性的多面化原则，深化实践性、探索性、协作性、自主性等性质，为社会的发展进步培养出综合水平素质高、专业能力强的真正人才"[2]。从学校层面上来看，通过实施大创项目，能够较好地贯彻教育部提出的高等学校应当转变教育理念的要求，积极推进改革人才培养模式，强化创新创业能力训练，从而助力于培养适应创新型国家建设需要的高水平创新人才。从学生层面上看，大创项目以培养学生的核心素养为核心目标，以大创项目为导向、以跨专业分工协作为途径、以"校""社"联合为依托，构建以举办创新创业大赛促进创新创业能力培

---

[1] 王宪华，王建立. 以"本"为本 打造本科人才培养新格局——山东大学拔尖创新人才培养体系构建[J]. 中国大学教学，2015（02）：12—15.

[2] 李国辉，杨阿滨，葛茂奎，许春蕾. 大学生创新创业计划与实施[J]. 教书育人（高教论坛），2017（12）：31—33.

养的全方位育人体系。实践表明，大创项目是全面推进创新创业教育的有效路径，是撬动高校教育综合改革的一个重要支点。下文将从三个良性循环的视角出发，结合笔者参与大创项目的亲身经历，浅谈大创项目对于培养大学生专业学习的作用。

一、从基础技能到专业素养的良性循环

基础知识是"学科最基本的构成要素"，是"学科文化的最初根源和构成大学学科文化的最根本的实体"[1]。专业素养的提高离不开一步一个脚印地夯实基础，只有不断积累基础知识、磨练基础技能，才能为综合素养的提高打牢基础。与此同时，伴随着综合素质的提高和专业技能的提升，学生在得到自我肯定的同时，能够以更长久的动力和更坚定的信心保持对学科知识的学习。这里以基础知识与创新能力的关系为例进行说明。华东师范大学心理与认知科学学院曾经进行过一次关于"一般知识和学生创新能力"的实验，结果表明学科的一般性基础知识对于大学生的创新思维具有明显促进作用，它不仅有利于提升思维的新颖性，而且能够促进思维产物的适宜性……总体看来，领域特殊性的知识越丰富，大学生的领域特殊性创新水平越高[2]。在下文中，笔者将选取中文专业学生应当具备的几点专业素质进行论证。

自党的十八大召开以来，国家把弘扬中华优秀传统文化、增强国家文化软实力、建设文化强国作为国家发展的重要战略目标。无论是培育和践行社会主义核心价值观，还是建设和提高广大人民群众的文化生活水平，都离不开对中华优秀传统文化的解读与阐发，这成为中文专业学生必须具备的素养与应该肩负的使命。沈兼士在《筹画北京大学研究所国学门经费建议书》中指出"整理中国古物典籍""将中国传统国学的优秀成果向全世界传播"为"中国人今日一种责无旁贷之任务"[3]。五千年中华优秀传统文化博大精深，古代文献典籍浩如烟海，中文专业学生无疑需要具备较强的对文献典籍的查阅、整理和运用等能力。

笔者所在大创团队（简称"团队"）中的三位中文专业学生都是第一次参加大创项目，在学术起步阶段，对于科研"零"基础的本科生而言，查阅资料的能力是攀登学术山峰的第一级台阶。沈兼士曾力倡："大凡一种学问欲得美满的效果，必基于系统的充分研究；而此系统的充分研究，又必有待于真确完备之材料。"[4] 梁启超也曾说过："凡一学术之发达，必须为公开的且趣味的研究，又必须其研究资料比较的丰

---

[1] 樊平军. 论大学学科文化的知识基础 [J]. 江苏高教，2007 (06)：13-15. DOI：10.
[2] 楼连娣，庞维国. 知识基础对大学生创新思维的影响 [J]. 华东师范大学学报（教育科学版），2014，32 (04)：90-98.
[3] 沈兼士. 沈兼士学术论文集 [M]. 北京：中华书局，1986：362.
[4] 沈兼士. 沈兼士学术论文集 [M]. 北京：中华书局，1986：362.

富……"① 在本次大创项目中，为了尽可能多地收集相关研究资料，团队除了在数据库中按照主题词、作者、杂志等关键词进行文献检索外，还依托国学大师、籍合网、古籍整理工作平台、搜韵等网站进行资料查找。在查阅文献的过程中，团队逐渐摸索出查阅不同文献的思路，通过发挥不同数据平台各自的优势来更好地搜集不同类型的资料。本次大创项目中涉及的南宋禅僧文学作品大多较为冷门，在各大数据平台上鲜有成书，团队选择依托国学大师网站进行图片版古籍的翻译工作，如释宝昙的《橘洲文集》等；同时，由于许多古籍在该网站上都有图文对照版，团队在此基础上对其他古籍也进行了翻译工作，如北涧居简的《北涧文集》第一至十卷。

团队的大创项目最初拟从蜀僧的文本出发，结合行录，侧重追溯蜀僧在外的游历路线，辅以语录或其他形式的文学文献，完善并论证蜀僧个体的交往结识经历，构架起相对完备的蜀僧禅文化输出背景。立于完善的框架背景之上，再谈文学文献的传播，丰富蜀僧禅文化的输出形象。因此，团队需要处理大量不同体裁的文学作品，包括行录、语录集、偈颂、赞文、诗歌等。而在检索不同类型的诗歌时，团队选择了不同类型的检索平台。由于诗歌的体裁类型繁多，倘若按照僧人文集（如《北涧文集》）对诗歌的整理方式，即将诗歌搜集起来再进行分类整理，其操作难度是较大的，但是搜韵网能够按照五律、七律、五绝、七绝、四言、六言、偈、赞等体裁分类检索诗歌，此项功能帮助团队解决了这方面的难题。在搜集禅僧的墨迹时，常常会遇到难以对一副墨迹进行创作背景、创作过程、艺术特点等方面的阐释的情形，对此，团队通常会在一些艺术评论类著作中（如江静的《日藏宋元禅僧墨迹选编》）或是在收藏该墨迹的博物馆网络平台上去寻找与之相关的创作信息。在查阅搜集相关资料的工作初步完成以后，团队需要对大量资料进行阅读、提取和整合。由于大部分的禅僧文献影印本都是用的繁体字，在录入、校对的过程中需要扎实的繁简转换能力，这恰恰强化了团队成员在"古代汉语"专业课上习得的相关知识。

历史是复杂且多元的，正所谓"孤证不立"，后人在追溯历史、还原历史时，往往需要采纳来自不同视角的多种史料。例如，王国维曾经提出"二重证据法"，即"在史学研究方面，究二重证据法之实质则是将本来模糊的历史史料清晰化，同时又依据史料来证实地下之材料（文物）产生年代，并予以解说"②。由于史学家自身的政治立场和价值观念可能会对部分历史产生有意或无意的屏蔽，因此，对来自不同视角的多种史料，我们要进行考辨和甄别。在来自不同视角的多种史料中，相同或类似的记载能够增强史料的可信度，而不同的记载则提醒我们需要注意史料的真伪性，同时也在客观上提供了新视点。在本次大创项目的文献考证过程中，由于研究对象年代久远且相关文献史料较少，似乎仅在个人行录和一些禅宗典籍中有所记载，想要梳理

---

① 梁启超. 梁启超论清学史二种 [M]. 上海：复旦大学出版社，1985：85.
② 李铎. 论王国维二重证据法及其文学批评 [J]. 求是学刊，2008（02）：114-118.

蜀僧的出行路线及其动机等问题显得十分困难。对此，团队尝试从来自不同视角的多种史料出发，以对照的视角进行综合考证。以考证蜀僧释居简的行迹为例，团队首先选取的是距离释居简生活年代最近的文献——其法嗣物初大观所作的《北涧禅师行状》，而后查找了明代明河编撰的《补续高僧传》，最后佐之以清人自融撰写的《南宋元明禅林僧宝传》。从三个时代不同撰者编写的材料中，考证蜀僧释居简行迹记录的真实性。通过多种资料的互证，释居简剃度的背景、动机、地点等线索逐渐明晰。

除了对专业素质的打磨与强化以外，大创项目对培养大学生的逻辑思维能力也大有裨益。"逻辑思维能力的高低是判定一个人创新思维能力强弱的重要标准。大学阶段是培养学生逻辑思维能力的关键时期。"[1] 从构思大创项目选题与研究思路开始，大创项目的各个环节都需要团队成员保持清晰连贯的逻辑思维。

在拟定一个大创项目选题之前，需要对研究项目的内容、目的、意义、目标、国内外研究现状等进行较为细致的了解和评估。在确定合理的研究思路后，团队将质性研究法与量性研究法、专题探究法、实地调研法、综合分析法等不同类型的研究方法结合起来，着重把握研究重点、攻克研究难点、突出创新之处。

起初，团队拟定的研究方向是巴蜀禅文化的对外输出，但是经过指导老师的研判和团队成员对项目可行性的分析以后，团队认为禅文化的概念过于宏大且时间跨度太长、涉及范围太广，研究起来难度太大。因此，本团队将时间范围缩小至两宋时期，将对禅文化的研究转为对禅僧行迹、文学作品、禅僧墨迹的研究。

在研究思路上，团队先是对两宋时期的僧人进行筛选，"定一分二"——把蜀僧圆悟克勤作为核心人物，并根据其门下法系，对其中影响较大的大慧派和虎丘派进行梳理，如图1所示。

在研究方法上，团队从蜀僧的行录入手，广泛搜集相关文献史料，整理主要人物的生平游历以及部分作品的流变，从而构建起以圆悟克勤为中心的宋代蜀僧禅文化对外输出框架体系。团队随后拟定实地调研浙江与四川两地有蜀僧住持的寺庙，如杭州的径山寺、灵隐寺，成都的昭觉寺等。追溯蜀僧在外的游历路线，辅以诗歌、语录、墨迹或其他形式的文献史料，完善并论证蜀僧个体的交游经历，构架起完备的蜀僧禅文化输出背景谱系。

---

[1] 张萍. 创新人才培养视域下大学生逻辑思维能力培养路径探究 [J]. 黑龙江高教研究，2016 (01)：134 - 136.

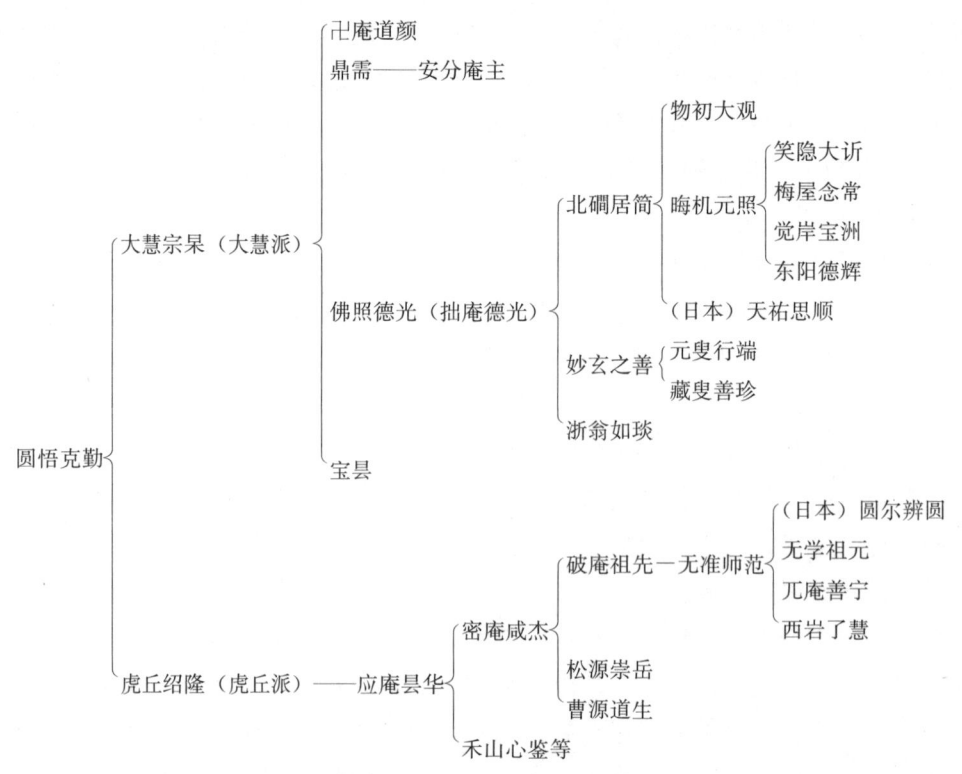

```
                      ┌─ 卍庵道颜
                      │
                      ├─ 鼎需──安分庵主
                      │                    ┌─ 物初大观
                      │                    │
                      │          ┌─ 北磵居简 ┤          ┌─ 笑隐大䜣
                      │          │         │          │
                      │          │         │          ├─ 梅屋念常
       ┌─ 大慧宗杲（大慧派）┤          │         ├─ 晦机元照 ┤
       │                │          │         │          ├─ 觉岸宝洲
       │              ├─ 佛照德光（拙庵德光）┤         │          │
       │                │          │         │          └─ 东阳德辉
       │                │          │         │
       │                │          │         └─（日本）天祐思顺
圆悟克勤┤                │          │
       │                │          │         ┌─ 元叟行端
       │                │          ├─ 妙玄之善┤
       │                │          │         └─ 藏叟善珍
       │                │          │
       │                │          └─ 浙翁如琰
       │                │
       │                └─ 宝昙
       │                                               ┌─（日本）圆尔辨圆
       │                                               │
       │                              ┌─ 破庵祖先─无准师范┤─ 无学祖元
       │                              │                │
       │                              │                ├─ 兀庵普宁
       │                ┌─ 密庵咸杰────┤                │
       │                │             │                └─ 西岩了慧
       └─ 虎丘绍隆（虎丘派）──应庵昙华 ─┤
                        │             ├─ 松源崇岳
                        │             │
                        │             └─ 曹源道生
                        │
                        └─ 禾山心鉴等
```

图1　团队在申报书中进行的法系整理

二、大创项目自身模式的良性循环

整体而言，大创项目的准备过程可以被划分为三个阶段：立项申报阶段、中期检查阶段、结项验收阶段。以立项申报阶段为例，该阶段包括项目简介（研究内容、研究意义、研究目标、国内外研究现状、参考文献等）、研究技术路线及可行性分析（研究思路、研究重难点、项目创新点、可行性分析）、研究基础分析（对项目的参与动机、已有知识储备、相关研究和训练基础）、已有研究成果陈述等内容。由于大创项目覆盖范围大、规定程序多、竞争压力大，因此，所有环节都离不开团队成员的集思广益和倾力合作。

学习团队是指因为共同的兴趣与目标而相聚，通过合理的分工协作优化内部结构，从而更好地发挥整体优势的群体。心理学家赤瑞特拉指出："学生会吸收所读的10%，所听的20%，所看的30%，看与听结合的50%，听与说结合的70%，说与做结合的90%，教别人时的95%。"[①] 团队学习就是将个体搜集、掌握、理解的知识信息以听、说、教的形式在团队中传播，从而实现知识信息高度共享化，再加以提炼、

---

① 张雁. 论"团队学习"及研究生"学习型团队"的建构［J］. 河海大学学报（哲学社会科学版），2006（03）：85-87+95.

应用和创新,从而实现团队学习效果的最优化。

被誉为当代学习型组织之父的彼得·圣吉认为,思维既然在很大程度上是集体的,我们不能只是透过个人加以改善。[①]需要注意的是,之所以强调团队学习的重要性,并不是要将其与独立学习进行二元对立的比较与取舍,而是倡导在不同的情况下选择最适合自己当下状态的学习模式。就大创项目而言,每个环节的顺利完成都离不开团队学习。我们将自己搜集来的知识进行共享,在每一次的交流讨论中,我们都能够收获之前自己没有想到的、更加全面深邃的观念。这种全面的视角、深入的思维能够给予我们更多的灵感和启发,之后进行的深入讨论也更具洞察力和创造性。

我们始终以团队作为基座来向外界摄取和传播知识与信息,在各抒己见、理解阐释、消化总结以后进行创新创造,不断反思自我、提高自我,再以更宽阔的学习视野、更浓郁的学习热情投入新探索中,从而实现源源不断的良性循环发展。除了提升学习效率,团队学习还能在团队内部形成浓厚的学习氛围。当个体在团队中学习时,往往会有一种克服懒惰的动力,这种动力督促着个体努力完成任务。

在这个学习团队中,除了参与大创项目的学生,还有一位至关重要的成员——指导老师。在大创项目的研究性学习过程中,指导老师起着举足轻重的作用。指导老师不仅要关注团队的整个研究过程,在充分发挥学生主动性的前提下,对学生在研究过程中遇到的问题和困难予以适时、适当的点拨,还要负责研究性学习的组织、实施、管理、指导等工作,保证研究性学习过程的有序进行。指导老师就像是拥有丰富经验的舵手,帮助"大创之船"把正方向,使其平稳行驶在学术研究的道路上。

除了可以帮助大学生建立高效率的合作学习循环模式以外,大创项目在研究内容上的层层递进、逐步深入,也能够不断激发大学生的学术热情。每一个新项目都诞生于大学生的学习与思考之中,反过来又持续刺激着大学生的求知欲和钻研热情。随着研究项目的逐渐深入,大学生会挖掘出更多的新问题,从而推动其朝着更深层的本质、更长远的目标前进。就像王安石游褒禅山一样,先是因好奇而"拥火以入",旋即"入之愈深,其进愈难",但随着愈发的深入而"其见愈奇"。[②]

如果把大创项目比作一幅中国传统绘画作品,那么大学生在大创项目中运用到的各种互补的研究方法就像是"勾皴染点擦"等不同技法。当需要搜集某一群体对于某些特定问题持有的基本态度、行为特征、价值观点等信息时,可以采用问卷调查的研究方法来增进对相关问题的认识;当网络文献史料无法满足研究需求时,可以采用实地调研的研究方法来取得第一手资料;当想要调查的数据更具有个性化时,可以采取访谈研究法来让研究具有灵活性,丰富意义解释的空间,推动研究朝着深层发展……整体而言,每一种研究方法都是一次从理论到实践、再反馈回理论的循环过程。

[①] 彼得·圣吉. 第五项修炼[M]. 上海:上海三联书店,1998:273.
[②] 曾枣庄,刘琳. 全宋文 第65册[M]. 上海:上海辞书出版社;合肥:安徽教育出版社,2006:50.

中国文人自古以来就有实地考察的学术传统，尤其是史学家在著史时，往往表现出强烈的实地考察意识，其中以司马迁尤为典型。王国维在《太史公行年考》中提到："是史公足迹殆遍宇内，所未至者，朝鲜、河西、岭南诸初郡耳。"[1] 大创项目中的实地考察是大学生走出书本理论、接触社会实践的一个比较直观的方法，一方面能够帮助大学生搜集大量的第一手资料，增强研究项目的材料支撑；另一方面能够帮助大学生加深对于理论的理解，把理论与实践更好地结合起来。任何理论的研究都不能回避其产生的特定历史语境和资源背景。在实地调研中，大学生可以追溯研究对象的历史来源，还原其演变过程，将自身带入特定历史语境中，体悟其从诞生到发展的流变历程，再将其带回现实进行二次思考，在时间与空间双重维度上，实现从理论到实践、再从实践回到理论的良性循环。

三、从理论知识到人文精神的良性循环

雅思贝尔斯曾经指出："教育是人类情感意识交流的活动，这其中包括知识传递的内容、对生命意义的领悟以及对行为意志的塑造，它可以使人类释放天性获得自由。"[2] 由此可见，高等教育不只是传递理论知识，还需要用人文情怀塑造大学生品格。在21世纪初，有一大批教育家提倡将人文精神与专业教育结合起来："如果在学生最关心的，花时间精力最多的专业课程中贯穿和渗透了人文教育的精神，素质教育就可收到事半功倍的效果……专业课程教学中渗透人文精神是进一步落实和深化文化素质教育的必由之路。"[3] 这就构成了从理论知识到人文精神的一次教育转向。

何为人文精神？人文精神是一种关注人生真谛和人类命运的理想态度，它包括对人格、个性和主体精神的高扬，对自由、平等和做人尊严的渴望，对理想、信仰和自我实现的执著，对生命、死亡和生存意义的探索[4]。而大创项目是一次起于困惑、勇于探索、敢于创新的难得的领悟人文精神的机会。在本次大创项目中，两宋僧人事迹及其展现出来的精神品质、境界修养给予团队十分深刻的印象。蜀僧用自己的行动阐释了"读万卷书，行万里路"的古朴哲理，圆悟克勤、北涧居简、痴绝道冲等蜀僧无一例外地在蜀地剃度参悟以后，走访各地名山寺庙求学问道，在交流中传播巴蜀禅文化。更有无准师范及其弟子圆尔辩圆等人将巴蜀禅文化传播到日本等地，对日本镰仓时代后期即早期"五山文化时代"产生了巨大影响。

---

[1] 王国维. 观堂集林 [M]. 北京：中华书局，1959：245.
[2] 转引自王琪，李德胜，王怡文. 我国高等教育期待与本科生培养路径研究 [J]. 漯河职业技术学院学报，2020，19（05）：103-105.
[3] 庞守兴. 大学人文精神教育六问 [J]. 江苏高教，2009（05）：7-10.
[4] 张全之. 人文教育：商海大潮中的自救之舟——中国现当代文学教学研究 [J]. 山东师大学报（社会科学版），2000（06）：96-99.

人文精神具有教育功能，其教育功能并不是提供直接性的帮助，而是以感悟式、启发式的方式调动和发挥大学生的主观能动性，这不仅对某一门学科的学习大有裨益，也能全面提高大学生的人文素质。参与这次中国古代文学研究方向的大创项目令笔者获益匪浅，从中收获的许多经验对笔者学习中国现当代文学也颇为受用。中国当代文学成立的基础是中国现代文学，而中国现代文学自诞生起，其最根本属性之一便是革命性，这种革命性来自对以文言文为语言形式、带有典型传统思想色彩的中国古代文学的批判性继承和对外国文学的评介性汲取。对中国古代文学的深入学习，既可以帮助我们溯源批判的源头，也能够帮助我们认识批判的原因。因此，通过学习中国古代文学来了解并把握这种革命性，对于中国现代文学的学习是有启发意义的。再者，中国古代文学这片沃土能够为中国现当代文学的发展提供丰富资源。以新诗为例，即使是号称要与旧文化分道扬镳的五四时期，激愤如闻一多这样的学者也会"勒马回缰作旧诗"[1]；新文化运动的旗手陈独秀也在《青年杂志》创办伊始登载了谢无量的数篇五言排律诗；周作人在《古文学·做旧诗》一文中也指出："有才力做旧诗的人，我以为也可以自由去做。"[2] 团队在本次大创项目研究的宋代僧人创作的诗歌中，就有许多值得注意之处，单是意境这一点就令人回味无穷。诗歌创作是僧人们在清贫而寂寞的生活中慰藉心灵的一种无功利性活动，跟佛门参禅一样，它不受困于有限的语言表达，而是追求超脱文本的意境和瞬间的顿悟。禅僧在创作诗歌之时，往往简单勾勒几笔，就能营造出朴素却不失韵味的意境，有一种天然的对事物本质的亲近。

　　由此可见，人文精神也会回馈在大学生的专业学习上，大学生能够以更深层次的理解、站在历史发展与生命体验的高度上去认识、学习、感悟一门学科，这种专业学习活动是自发而深刻的。对大学生而言，"文学"不再只是文学史上的名词解释，而是建构在自己内心深处、包含个人深切体悟的学科框架，如此一来，就构成了学习层面的从理论知识到人文精神、再从人文精神反馈到理论知识的有机循环。

　　人文精神教育不仅关注大学生的学习与生活，同时也注重大学生的健全人格、德性境界、感情心理等，培养大学生崇高的爱国主义精神、社会责任感、历史使命感是人文精神教育的重要旨归。例如，团队对中国古代文学中的传统文化价值观进行取舍，并加以批判地扬弃与传承。中国文学作品自古以来就跟社会现实有着很强的关联性，刘勰在《文心雕龙·序志》里曾说，"文变染乎世情，兴废系乎时序"。在本次大创项目对宋代禅僧文学创作的研究过程中，团队发现这些生活艰苦朴素的僧人们并没有斩断跟社会现实的联系，他们的文学作品表达出强烈的忧国恤民之情。中国现代文学之所以会具有显著的革命性和战斗性，其目的大抵是关注现代人的人格、尊严及其

---

[1] 刘运祺, 蔡炘生. 现代名家诗词选注 [M]. 南宁：广西人民出版社, 1987：32.
[2] 周作人. 周作人代表作 [M]. 黄河文艺出版社, 1987：50.

生存状态，这与中国古代文学所倡导的"忧国""怀民"精神有一定的相通性。作为生活在新时代的中文专业学生，我们应当充分认识文学与历史、文学与社会的关联性，通过学习活动在完成对自我的积极导向、形塑精神世界的同时，汲取中国古代文学的社会关怀以及"民胞物与"的仁爱精神，将人文精神升华成普遍的人类自我关怀，这样就构成了思想境界上的一种有机循环。

四、结语

大创项目居高不下的热度充分反映了新时代对于高等教育革新的重视，也表明了创新学习能力、沟通表达能力、团队合作能力等大学生核心素养在当今时代的重要性。大学生应该积极争取、高效利用大创项目这种难能可贵的学术训练机会，在把握三个良性循环的基础上，在一次次循环往复的过程中，不断向前迈进、提升自我，扎实掌握专业基础技能，增强综合素养，丰富人文精神，构建符合时代精神的价值世界。

从兴趣到专业：探究大创项目与大学生专业发展的关系

杨巧如

四川大学文学与新闻学院

一、专门人才培养、专业兴趣与大创项目

不同于中小学阶段强调的学生应该以寻求各个科目的均衡发展作为自己的学习目标，自本科生教育开始的高等教育阶段更加注重专门人才的培养。《中华人民共和国高等教育法》明确指出："高等教育的任务是培养具有社会责任感、创新精神和实践能力的高级专门人才。"[①] 在此种背景下，高等教育领域高度重视对专业教育的投入，大力改革人才培养机制，以期培养出"各个专业的领军人物"以及"为社会发展和科技进步做出杰出贡献的人才"[②]。

正如邵雍在《皇极经世书·观物》中所言——"学不至于乐，不可谓之学"，[③] 兴趣是最好的老师。这是我们耳熟能详的一个朴素道理。要想连续不断地培养出在各个专业领域拔尖的创新人才，必须高度重视专业兴趣在专业发展与人才培养中的重要作用。海蒂、贝尔德、伦宁格等学者将兴趣划分为个人兴趣和情境兴趣，认为个体兴趣是个体对某一活动或某一领域相对持续稳定的心理偏爱倾向，情境兴趣则是受环境刺激所引发的即时的应激情感反应。[④] 他们还提出兴趣发展的过程可以被划分为四个阶段：情景兴趣的激发、情景兴趣的保持、个体兴趣的萌芽、个体兴趣的成熟。[⑤] 亚历山大则在此基础上提出了领域学习模型这一阐释框架，借此探究知识、技能、兴趣等对专业学习的复杂影响。事实上，如果一个大学生对于所学专业兴趣寥寥，甚至感到反感和厌恶，那么他/她将很难在该领域坚持钻研，遑论有所成就。

---

① 《中华人民共和国高等教育法》第5条规定："高等教育的任务是培养具有社会责任感、创新精神和实践能力的高级专门人才，发展科学技术文化，促进社会主义现代化建设。"
② 郝克明. 造就拔尖创新人才与高等教育改革 [J]. 中国高教研究，2003 (11)：8-13.
③ 邵雍. 皇极经世书 [M]. 郑州：中州古籍出版社，1993：445.
④ 王同军，司继伟. 兴趣研究现状与进展 [J]. 山东教育学院学报，2006 (06)：11-14.
⑤ 谢玲，高亚楠. 情景兴趣研究综述 [J]. 文教资料，2017 (15)：224-226.

然而，放眼当下中国高等院校专业教育的实际现状，这种情况却并不鲜见。由于受到高校录取调剂制度、自我认知不够准确、专业了解程度不够等诸多因素的限制，相当一部分同学在进入大学以后，对所学专业缺乏足够的兴趣，更别提怀揣应有的热爱与激情，这种现象在很大程度上影响到个人专业的长远发展。[①] 针对此问题，刘霄、蒋承认为通过鼓励大学生参加专业自主学术训练，有利于激发大学生在学业上的主观能动性、加深大学生对专业的了解程度、提高大学生的自主学习兴趣，进而促进大学生的专业发展。[②] 刘清神、叶可可等则以本校动物学专业学生为例，指出学生自主申报研究"宠物犬的人工授精技术""豹纹守宫的规模化饲养与繁殖的研究"等现实生动的创新项目极大程度上激发了学生的积极思维，提高了他们的专业兴趣。[③]

以激发学生专业兴趣、培养创新专门人才为追求，组织大学生开展多种类型和多元形式的创新创业训练与学术研究训练，已然成为国家、学校、社会层面进行专门人才培养的不可或缺的重要举措，而大创项目无疑是其中具有较大影响力、成效较好的一种途径。大创项目的全称是"大学生创新创业训练计划"，是教育部实施的高等学校教学质量工程与教学改革工程建设的重要组成部分，其前身是国家大学生创新性实验计划。[④] 作为面向本科生的学术训练项目，大创项目主要分为创新训练、创业训练和创业实践三大板块，需由本科生个人或者团队在指导老师的指导下，自主完成与之相关的创新创业项目的一系列研究内容；与此同时，有关部门会对其中的部分优秀项目给予一定的经费支持。为此，教育部在2012年发布《关于做好"本科教学工程"国家级大学生创新创业训练计划实施工作的通知》（教高函〔2012〕5号），鼓励高等院校积极在大学生群体中间推进大创项目的实施。

当前，学术界对于大创项目的研究已经有了较为丰硕的成果，在中国知网以"大创"为关键词进行检索，可以得到840余条检索结果。这些研究成果大多从教学教育从业者的角度，对大创项目的项目管理、实施成效、模式创新等较为宏观的方面加以考察，如郭莉、王菡、王栩楠结合自身所在院校的实际情况，对形成高效、可行、稳定的大创项目管理模式进行了理论探索[⑤]；钱小明、荣华伟、钱静珠对本科生导师制下大创项目中的教育项目的设计、立项、实施进行了分析与研究[⑥]；蔡志奇、黄晓珩

---

① 董满生，胡传海. 大学生专业兴趣研究［J］. 科技创新导报，2008：159-160.
② 刘霄，蒋承. 大学生的专业兴趣可以培养吗——基于本科四年发展数据的动态分析［J］. 教育发展研究，2017，37（19）：33-39+70.
③ 刘清神，叶可可，温山鸿，孙媛. 加强课外实践 提高学生的专业兴趣与科研能力［J］. 教育教学论坛，2013（04）：163-164.
④ 刘长宏，李晓辉，李刚，岳庆荣，任永功. 大学生创新创业训练计划项目的实践与探索［J］. 实验室研究与探索，2014，33（05）：163-166.
⑤ 郭莉，王菡，王栩楠. 探索"大学生创新创业训练计划"的管理模式［J］. 现代教育技术，2012，22（06）：118-121.
⑥ 钱小明，荣华伟，钱静珠. 基于导师制下"大学生创新创业训练计划"教育的实践与思考［J］. 实验技术与管理，2014，31（07）：21-24.

则选取了校企合作的角度，指出校企合作开展大创项目的策略与措施[①]。目前专门研究大创项目与大学生专业兴趣及专业发展之关系的学术成果依然少见，这是一个颇具学术价值与现实意义的话题，值得进行深入探讨。

本文将从革新专门人才培养机制的角度出发，参照大创项目实施的整个流程，结合自身及他人参加大创项目的切实感受与经验，探究大创项目对大学生个人专业兴趣的提升作用及其跟专业发展之间的内在关系。

二、大创项目中大学生的专业发展路径

章太炎曾在《菿汉微言》中如是自述："自揣平生学术，始则转俗成真，终乃回真向俗……"[②] 其学生姚奠中则在此基础上践行"以博学为知，以用世为归"的学术之路，在对现实的思考中获取知识、追求真理，将知识与真理作为分析和处理现实难题的利器[③]。大创项目作为一次难得的学术训练与科研经历，其基本运行机制跟姚奠中所指出的学术研究路径有着相当的相似性。

整体而言，大创项目作用于专业发展的过程主要包括兴趣生发、选题确定、项目实施、内化反哺等四个阶段，并且跟课程书本、其他专业、现实世界之间存在深层互动关系，具体情况如图1所示。

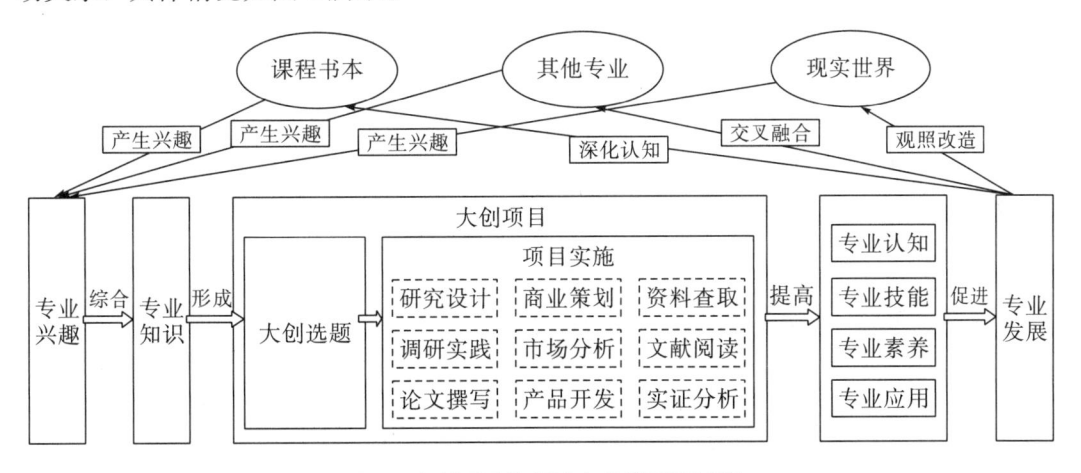

图1 大创项目作用于专业发展的过程

在大创项目正式实施之前，作为已经进行了一段时间专业学习的独立个体，大学生对课程书本的学习内容、其他专业的理论知识、自身所在的现实世界有着自己的观察、理解和思考。在此种观察、理解与思考的过程中，大学生往往会对其中的部分内

---

① 蔡志奇，黄晓珩. 校企合作视角下大学生创新创业训练计划项目的开展[J]. 高教论坛，2013（08）：38-40.
② 上海人民出版社. 章太炎全集 菿汉微言、菿汉昌言、菿汉雅言札记、刘子政左氏说、太史公古文尚书说等[M]. 上海：上海人民出版社，2015：70-71.
③ 刘毓庆. 姚奠中先生的学术思想与实践[J]. 天中学刊，2015，30（01）：1-6.

容产生特别的兴趣或者感到疑惑,这在相当程度上成为大学生参加大创项目的动机。

带着这些特别的兴趣或疑惑,借着参与大创项目的宝贵契机,大学生将平时所学的专业知识跟自身的兴趣点和问题意识紧密结合起来,进而依据自身情况、现实条件和研究现状择取兼顾个人兴趣、现实意义、学术意义、创新价值和可操作性等多种因素的大创选题,深入探究自身的专业兴趣,并且由此进入大创项目的实施阶段,以专业兴趣促进大创项目的落实与发展。

根据所选项目类别与所学专业性质的差异,大学生需要在大创项目实施阶段选取适当的研究方法与研究思路,进行研究设计、资料查取、文献阅读、调研时间、实证分析、实验验证、论文撰写、商业策划、市场分析、产品开发等各类工作,并且由此得出相对可靠的成果或结论。

对少有机会真正接触学术研究的大学生而言,上述过程既是在帮助他们将自身的专业兴趣付诸实践,也是在帮助他们深化专业认知、增强专业技能、提高专业素养、实现专业应用。当大学生真正接触学术研究并且参与其中,与团队成员为着一个共同的学术目标而广泛阅读、展开调研、思考问题、撰写文章,其对学术研究、专业学习与自我的认知皆会发生变化,也会更加清楚内心的诉求,从而增进对世界、他人、自己的了解。这对大学生来说具有重要意义,无论是对兴趣培养,还是对专业发展,亦或是对自我认同,都有着显著的助推作用。

此外,这种学术探究和项目实践不仅对大学生个体专业发展有所裨益,而且能够成为他们跟课程书本、其它专业、现实世界进行沟通的有效媒介。与此同时,它依托大学生的主观能动性,反作用于他们的外在世界,帮助他们观照现实、反思现实乃至改造现实,从而实现问与思、知与行、个体与世界的相互促进与有机融合,这就是章太炎所说的"回真向俗"。

三、选题:问题意识与兴趣驱动

"为学之道,必本于思。思则得知,不思则不得也。"[①] 确定选题作为整个大创项目实施过程的起始阶段,是整个研究项目的源头,也是"知""行"跟内心疑惑相互碰撞后产生的思想结晶,更是大学生个人兴趣驱动下的集体产物。当前大创项目的选题通常主要有以下一些来源:生活中遇到的困难与问题、当今社会的热点事件与重要话题、对课堂知识的深入思考与思维启发、学术性学生社团等团体组织集体研讨的成果、学科交叉的思维碰撞、其它科研竞赛的成果或往期大创项目的延续、校企合作和导师课题……大学生在跟课程教材、其他学科知识、现实社会实践的交流互动中,遇到问题、产生兴趣、发现视点,进而与专业知识相结合,以之作为解决问题、深入兴

---

① 晁说之. 晁氏客语 [M]. 郑州:大象出版社,2019:43.

趣、创造知识的一个重要支点。

通过在国家级大创项目平台网站上浏览2019—2021年中国语言文学专业国家级大创项目的立项名单，可以发现：相当一部分大创项目以某一现实话题或某种学科知识为切入点，从文学、文艺学、语言学、文化人类学乃至学科交叉等多个维度加以阐释、思考、研究，呈现出"问题导向＋兴趣驱动"的普遍倾向。如山东师范大学2021年立项项目"突发事件中的语言景观对比研究——以中美两国防疫标语为例"选取语言学的研究视角，以中美防疫这一热点话题中相对较小的一个方面——"防疫标语"为突破口，深入研究其中的语言艺术、社会功能、价值观念、文化因素等，探求其背后蕴含的中美在文化心理等方面的差异。青岛大学2020年立项项目"老舍《四世同堂》英译与回译研究——以中国国家形象对外传播为视角"则结合文化传播学、比较文学等学科理论，对中国现当代文学课程中的经典作品《四世同堂》进行再解读，阐释其在构建现代民族国家形象中所发挥的重要作用。四川大学2020年立项项目"文学治疗理论与大学生临床实践研究"聚焦大学生心理健康问题，将文学理论与临床医学两个学科进行交叉融汇，系统整理文学治疗案例，探究其治疗机制，并且进行临床实践，总结文学治疗的基本理论体系与临床运用方案。[①]

这些相对具体、生动、细致的研究内容无疑会给大学生营造出一个良好的专业学习情境与专业学习氛围。在这种情境和氛围中，大学生的学习兴趣被现实事件或者学科知识所激发，又在跟专业知识结合的过程中得到加深，从而为大学生通过大创项目提升自身对所学专业的兴趣、实现专业领域内的进一步发展提供了宝贵的契机。

以笔者参与的2021—2022年度校级大创项目"巴蜀文化在游戏的文学书写与输出机制研究——从历史名人出发"为例，团队之所以会选择以该项目为研究对象，正是受到了现实世界中游戏历史人物书写所引发的争议和讨论的影响。彼时某游戏因涉嫌歪曲历史人物形象而遭到网友的广泛批评，而团队中的不少成员对历史人物类游戏很感兴趣。他们敏锐地发现，在该事件发生后，部分游戏人物被连夜改名。团队决定以这个话题为切入点，应用自身所学的传播学、历史学、文艺学等专业知识，探讨当今游戏中的文学书写与输出机制。与此同时，考虑到地域现实、工作量、可操作性等诸多问题，团队将研究范围从全部历史人物缩小至巴蜀人物，在批判性审视以游戏为载体的文化输出机制与文化输出效果的同时，探索游戏文学书写的研究范式以及游戏对文学与文化的建构路径。

四、过程：从兴趣到专业

如果说大创项目的确定选题阶段主要体现了大学生专业的兴趣喜好以及对问题的

---

① 以上三个例子皆引自国家级大创项目平台，详见 http://gjcxcy.bjtu.edu.cn/Index.aspx。

敏锐感知，是激发兴趣、发现问题的一个过程，那么后面的研究环节则是这种过程的延续，能够推动大学生在保持与激发兴趣的前提下，萌发对专业领域的相对稳定的个体兴趣，促进大学生获得整体性专业发展。

整体而言，开展大创项目有利于大学生在持续思考问题的过程中，不断内化专业知识，加深专业认知，夯实专业基础。郑板桥说过："读书以过目成诵为能，最是不济事"[1]，只有做到学以致用、用以促学，才能实现学用相长的良性循环与个人能力的稳步提升。不同于传统课程学习聚焦于对某一学科的纵深性探索，创新创业类研究项目的实际运行必然需要综合运用多门不同学科的专业知识。目前大创项目的参与主力多为大二年级及以上的在读本科生，对已经修习多门不同学科课程的大学生而言，大创项目无疑带来了一个很好的综合应用专业知识的机会，有利于他们加深对所学专业的整体认知和系统把握，使他们对专业的兴趣不只是停留表面，而是能够探寻更深层次的专业内涵和意义。

以笔者本年度参与的大创项目"元代灾害诗词的辑录与研究"为例，团队主要以杨镰主编的《全元诗》《全元词》为研究资料，从中辑录出与灾害相关的诗词，加以校对、考证和分析，形成电子库和纸质书册，并及时整理出研究成果。在这一过程中，除了需要综合应用目录学、版本学、文字学等学科知识完成辑录工作以外，还需要用到文艺学、文学、文化学、社会学、历史学等学科知识探寻诗词文本的灾害文学书写及其呈现社会历史文化形态，这恰恰是对此前修习的"古代汉语""中国古代文学""文学理论"等课程知识的回顾、巩固和应用。此外，这种回顾、巩固和应用的过程还能够促进团队从大创项目本身出发进行思考，反思文学的丰富内涵与文化意蕴。在"灾害面前，文学何为"的问题背后，是对"文学"这一概念的再次自省与深化认识，在综合运用多种不同学科知识进行大创项目研究的同时，本团队对专业本身亦有了更加全面的了解。

在专业学习与知识运用的过程中，提升专业能力和专业素质同样十分重要。曹顺庆教授曾经在一场讲座中对文科人才培养提出了"广开眼界，融通文理；潜心原典，学贯中西；夯基求实，敢于创新"的要求[2]，这种倡议直指文科专业学生所需的文献阅读积累、中西比较视野以及更深层次的创新、开放、求实的综合人文素养，很有启发性。事实上，大创项目这一学术训练模式能够很好地帮助大学生在以问题意识为导向的学术研究中，不断增强专业能力，提高专业素养，开拓专业视野。大创项目"元代灾害诗词的辑录与研究"在团队成员的共同探索与指导老师的悉心帮助下，在设计研究思路阶段历经多次"提出—质疑—修改—推倒—重来—再提出"的过程，不断发现与探究更多、更具体的问题，如如何界定灾害诗词的范围，怎样在对不同版本的比

---

[1] 郑板桥. 郑板桥集[M]. 上海：上海古籍出版社，1979：15.
[2] 四川大学文学与新闻学院. 曹顺庆：如何成为拔尖人才[EB/OL].（2020-11-23）[2022-11-20] https://mp.weixin.qq.com/s/JqYO_3QXiZYUyBFPM3zw5w.

较中选择合适的文本，如何看待诗歌中的灾害书写与历史记叙的差异，哪些角度可以更大限度地挖取灾害诗词的历史内涵与现实意义，等等。在"大胆怀疑"与"小心求证"中，团队得以更全面地思考问题，在这样相对严谨而系统的思维训练过程中，团队成员初步窥探到了文学研究的门路与方法。

具体到每一个研究步骤，大创项目对大学生的专业能力与专业素养有着不尽相同的要求。例如，笔者参与的大创项目"元代灾害诗词的辑录与研究"不仅需要团队辑录大量的繁体竖排古文文本，更需要团队对自己辑录的诗词的不同版本进行通查考证。笔者在辑录钱惟善的《建德山中洪水雨后作寄默斋从事》一诗时，发现"鸿发潇湘郡，倾洞裂崖石"中的"倾"字在《文渊阁四库全书》中本为"湏"字，在考查了现存多个版本以后，最终确定"倾"字应出自较早的版本，故而采用该字。除此之外，团队还查阅了元代方志等相关史料，以诗史互证的研究方法推进项目。例如，乃贤作于至正五年（1345）的《颍州老翁歌》"今年灾疟及陈颍，疫毒四起民流离。连村比屋相枕藉，纵有药石难扶治……"[1]，这首诗正是对《元史》"五年春夏，济南大疫"[2] 的丰富、补充与诗化。综合多种研究方法对问题进行深入的探索、分析、验证，有利于进一步培养团队成员运用专业知识来发现问题、分析问题、解决问题的能力，也有利于在一定程度上实现理论与实际的有机结合。

比文本研究、文史研究更进一步的研究内容，是对灾害背后的社会心理、人文精神、动因影响、现实价值等质素的探索，是对中华民族灾害观、应灾防灾历史经验、坚韧不拔民族精神等层面的深思，这些研究内容都在形塑着大学生"维护人自身的生存及于人自身所应有的关怀"[3] 的人文精神。

除了方法设计、文献查取、资料搜集，应用专业知识观照现实与投身实践，无疑也是大学生在大创项目中实现知行合一、个体与世界互动的一块重要拼图。这对大学生的专业发展而言具有长远的意义，也是他们能够从大创项目中取得的重要收获。

在高等教育领域中，专业学习从来不应该是成日埋首书斋的故纸堆学问，而应该同时注重"知"与"行"的辨证关系，正如习近平总书记所强调的那样，"学用相长、知行合一"[4] 应该是当今青年学习与发展的必由之路。对于参与大创项目的大学生而言，选取具有现实意义与应用价值的题目作为研究对象，面向社会需要展开创新创业训练与创新创业实践，有利于他们在这个过程中，合理运用专业知识与专业技能，观照生活、反思现实，并且投身实践、反哺社会。

笔者参与的另外一个创新创业训练项目——"乡遇凉山：乡村振兴主题功能游戏研发"正是一个源于现实且面向现实的项目。在宏观层面上，团队将目光投放到广受

---

[1] 杨镰. 全元诗 第35册［M］. 北京：中华书局，2013：30.
[2] 宋濂等. 元史［M］. 北京：中华书局，1976：1111.
[3] 卢梭. 社会契约论 政治权利的原理［M］. 北京：商务印书馆，1980：9.
[4] 习近平. 全面贯彻落实党的教育方针 努力把我国基础教育越办越好［N］. 人民日报，2016-09-10（12）.

重视的乡村振兴主题上；在微观层面上，团队选取"曾经一步跨千年，而今跑步奔小康"的四川省凉山彝族自治州甘洛县这一脱贫攻坚与乡村振兴的典型，将之作为原型，设计开发出一款"角色扮演＋模拟经营"类乡村振兴功能游戏，在游戏中植入当地文化素材与农副产品购买链接，在一定程度上助力当地乡村振兴事业的进一步发展。在这个过程中，团队曾经亲自踏上甘洛县的土地，切实感受乡村振兴战略为当地人民生活带来的巨大变化，并跟甘洛县商务局相关人员进行交流，探讨甘洛县发展的现状、困境与未来。团队结合甘洛县典型人物和先进事迹创作游戏剧情，运用新媒体知识设计营销方案，利用计算机网络技术开发移动 App……在将专业知识面向现实并加以应用和实践的过程中，团队成员的主体意识和主观能动性被充分激发出来，如饥似渴地学习所需技能与欠缺知识，将个人的力量与社会的需要紧密联系，致力于做到学用结合、知行合一。

五、小结

质言之，大创项目始终立足于大学生专业发展本位，借由科研项目模式或商业项目模式为大学生综合能力的提高提供"练兵场"与"试验台"。对少有机会真正接触学术研究的大学生来说，这是一次十分难得的训练机会。这个训练过程不仅能够激发大学生的专业兴趣，也能够推动他们的专业发展，亦能够帮助他们在跟课程教材、其他专业、现实世界的深度互动中实现兴趣、能力、素养、眼界等多个层面的提高，对他们的长远发展具有重要意义。

读书会的故事

从"读书会"看中国现当代文学"本科生—研究生"学术共同体

王奕朋

四川大学文学与新闻学院

一、"本科生—研究生"学术共同体之价值——从学位制设立与学科划分说起

1935年，南京国民政府教育部颁布《学位授予法》和《学位分级细则》，正式在我国确立了高等教育学士、硕士和博士的三级学位制；1980年，全国人大常委会颁布《中华人民共和国学位条例》，规定我国实行学士、硕士和博士的三级学位制，条例于次年生效，至今已有四十余年的历史。现代意义上的学位制度无疑是西学东渐的产物，这一制度为国家和社会衡量高等教育质量、评价学术水平提供了相对客观的标准，为各用人单位选拔人才提供了部分依据。此外，通过分析各学科各级学位授予人数可以快速掌握该学科发展情况及研究队伍构成，有利于推动国家教育事业的长足发展。学位分级本来与汲取知识当循序渐进之原则相适应，但从学术研究的角度上看却容易带来一些问题。在我国古代，各级科举考试的目的都是为朝廷选拔人才，读书与功名几乎完全挂钩[①]；尤其到了明清时期，读书人在考取秀才后，要做的是进一步熟读"四书五经"、反复训练八股文写作技巧，此种方法虽禁锢思维，但客观上却实现了教学方针方法在各个阶段的统一；而到了现代，学生接受高等教育、参加高考绝不单纯是为了考取公务员。学生在大学毕业后有许多选择，无论是"考公"还是从事学术研究，都只是其中之一。许多同学本科或硕士毕业后不再继续深造，这便导致了师生双方心态的微妙变化。尤其在本科阶段，对老师们而言，由于不确定学生今后的发

---

① 虽然明清时期有许多人为了秀才的特权（如见知县可以不行跪拜之礼、不能随便施刑、免除徭役……廪生每月还由公家发粮）而选择参加童子试，但进入士大夫阶层、考取更高功名仍是大多数读书人的出路和上升通道，所以才会有大量"老童生"的存在；并且明清之际出现的自由讲学之书院与专事研究之学派，其教育方针方法也始终如一，并未出现下文所述现代高等教育中本科重在灌输知识、研究生才开始强调学术研究方法的情况。

展道路，老师授课内容大多以课本上的知识或"常识"为主；许多同学对自己未来道路也尚不明晰，故而也坦然接受了这样的学习方式，这就使得文史哲等传统人文学科成了"背书"学科，考试全凭突击记忆。到了研究生阶段，教师对学生的考核从考试变成以论文写作为主。考试与论文写作这两种考核方式，其思维模式可谓截然相反。基础知识固然重要，但死记硬背绝非学术研究之正道，许多同学在撰写本科毕业论文时感到举步维艰，这与他们本科四年都没有接受过系统的学术训练有很大关系。

与三级学位制密切相关的还有学科门类划分，后者是高校授予学位的前提，其诞生先于前者。早在1896年，主持开办京师大学堂的孙家鼐在《报录：近政备考：议复开办京师大学堂折（未完）》中便提到："学问宜分科也。"① 1902年，张百熙在其所拟定的《钦定京师大学堂章程》中，将所习功课分为政治、文学、格致、农学、工艺、商务、医术等七科，各科下又各设有目②。至民国时期，大学分科教育已随新式学堂的普及推行开来，不同时期的教育模式虽有所差异，但高校对通识教育之重视却是一以贯之的，无论是教育理念还是课程设计，都能看出高等教育以培养"硕学闳材""博学通才"为宗旨③。在1924年颁布的《国立大学校条例》废除大学预科制之前，志愿入文科者，需在预科阶段修习国文、外国语、历史、伦理、论理（即逻辑学）、心理、法学、哲学等科目④；其后的"主系＋辅系""必修＋选修"等教育模式在课程设置上均无太大变化。这一传统在1952年的院系调整中遭破坏殆尽，受苏联影响，彼时我国教育理念已由"博雅教育"一变而为"专门教育"，高等教育自然也应当培养专门人才、为经济建设服务。表面上看，社会学、经济学等社会科学遭受冲击最大，文学、历史等传统人文学科似乎得以幸存，但其实不然。以中国文学的研究为例，学习文学绝不可只读文学作品，古人尚讲求"知人论世"，近现代在"文学史"逐渐取代"词章之学"成为文学教育的新范式之后则更是如此⑤。文学史是历史的一种，欲了解一时代之文学，则不可不尽可能广泛地了解一时代之政治、经济、文化思潮等各个方面，此亦李怡教授所言"大文学"是也⑥。20世纪80年代以来，各界专家学者着手对我国教育进行改革，其中至关重要的一点便是重新提倡通识教育。然而这一理念并未被很好地贯彻落实，中学时所涉猎的历史、政治、经济知识，对于步入大学后的中文系学生而言是远远不够的。但或许是默认通识教育业已完成，又或许是

---

① 孙家鼐. 报录：近政备考：议复开办京师大学堂折（未完）[J]. 利济学堂报，1897（8）.
② 张百熙. 钦定京师大学堂章程 [J]. 湖南学报，1903（1）.
③ 教育理念可从政府颁布的各类文件中管窥一二，如上世纪一〇年代颁布的《大学令》《大学规程》《修正规程》《修正大学令》、二〇年代颁布的《国立大学校条例》《大学组织法》《大学规程》，以及三〇年代拟定的《文、理、法学院各学系课程整理办法草案》等。
④ 舒新城. 中国近代教育史资料（中册）[M]. 北京：人民教育出版社，1981：657-658.
⑤ 关于这一过程，可参见陈平原. 作为学科的文学史：文学教育的方法、途径及境界（增订本）[M] 北京：北京大学出版社，2016.
⑥ 李怡. 回到"大文学"本身 [J]. 名作欣赏，2014（10）：5-8+2.

本身课业已十分繁重，许多大学的中文系既不讲授中国文学以外的人文社科课程，也不要求学生选修，这就导致本科生过早地钻入"文学研究"之中，很难对文学有更深的理解。

有必要说明的是，即便是在偏重知识积累的通识教育阶段，以及在讲述作为"知识体系"的文学史之时，仍有其形式或方法可言。早在1940年，著名社会学家和教育学家潘光旦就曾连续发表《宣传不是教育》和《再论宣传不是教育》两篇关于教育方法的文章，在前一篇文章中，他以逻辑推理的方式详尽论述了"宣传"和"教育"在假设前提、运作方式、产生影响等方面的不同[①]；在后一篇文章中，他联系实际，认为当时教育最大的危险便在于教育与宣传混为一体，并指出近代"偏重识字的平民教育"和"偏重专门技术的人才教育"都容易在无形之中"帮宣传家的忙"。其观点一言以蔽之："近代比较最健全的教育理论认为最合理的施教方式是启发，不是灌输，遇到个别的所在，还须个别的启发……宣传用的方式显而易见是灌输，而不是启发。"[②] 孔子言，"不愤不启，不悱不发"，所谓"启发"，是老师调动学生内在智慧、引导学生自主思考的过程，而不是"填鸭"的过程。从这个意义上讲，没有一成不变的、本质化的"知识"，不少学术创新与突破便是从反思"常识"开始的。前文虽然将科举取士和民国时期大学与当前高等教育作对比，并以此指出当前高校在本科生至研究生阶段的教育缺乏连贯性以及通识教育之未得落实的缺陷，却并不代表就全盘肯定了前面两种教育方式，因为它们都未见得满足"启发"之特点，而这一点在教育中显得尤为重要，又弥足珍贵。

近十年来，我国加快了高等教育改革的步伐，从"双一流"建设到"六卓越一拔尖"计划2.0版本，都旨在推动实现中国从高等教育大国向高等教育强国的转变。具体到中国语言文学类专业乃至中国现当代文学学科，如何改良既有的教育模式，使其既保留学位制与学科划分带来的优势，又能弥补其不足，是教育学家亟待解决的重要问题。因此，四川大学文学与新闻学院采取了一系列举措，其中由李怡教授指导的"读书会"以其"本研一体"的组织形式、跨学科的研读内容，以及培养批判性思维、回应时代课题等的内在精神，取得了良好效果，不失为人文社科类高等教育改革中可兹借鉴之一例。

二、连贯·广博——"读书会"组织形式介绍及所读篇目一览

2011年5月23日至24日，由李怡教授发起并召集的第一届"西川读书会"在青城山举行。该次"西川读书会"由周维东老师主持，会上，2009级和2010级的硕博

[①] 潘光旦. 群言典藏 自由之路[M]. 北京：群言出版社，2014：220—227.
[②] 潘光旦. 群言典藏 自由之路[M]. 北京：群言出版社，2014：228—237.

士生以报告形式分享治学所得，2008级博士生分组点评，最后由李怡教授做总评。在与不同年级同学互动的过程中，同学们获益匪浅。在这次"西川读书会"上，经由李怡教授提议，大家讨论后决定成立"西川论坛"，从而为诸位师友提供一个更为正式的学术交流平台。迄今为止，已累计举办十届"西川读书会"和八届"西川论坛"，均取得了丰硕的学术成果。而下文所言及的读书会[①]，虽未被冠以"西川"之名，实可纳入这一脉络之中。事实上，这一次次看似无名的"读书会"，见证并承载了许多青年学子从本科生到研究生再到学术骨干的成长历程。

不同于一年一度的"西川读书会"与"西川论坛"，读书会更加日常，一般一到两个月举办一次，阅读书目会提前一个月左右公布，以便大家学习并准备发言。参加读书会的同学涵盖了各个年级的本科生、硕士生和博士生，发言顺序大致是由低年级到高年级，但也时常有打破这一顺序的质疑与回应；而后由各青年教师做点评，李怡教授和刘福春教授等做总评。传统专业课一般采取分年级行课的方式，课堂交流多局限于同年级同学，而在读书会上，不同年级的同学齐聚一堂，高年级同学的发言在某种程度上可以照亮低年级同学们前方不远处的道路，并且引导其尽早思考更加深入的问题。由此，读书会保证了同学们学术成长的连贯性，对日常教学进行了有益的补充。随着老同学的毕业以及新同学的加入，参会人员处于不断流动之中，参会人数呈螺旋式上升，这也使得读书会本身以及整个西川学术团体发展具有某种连贯性。

为使读者对读书会有更加清楚的了解，此处特将笔者自2018年10月进入四川大学"3+2+3本—硕—博连读计划"后所参加历次读书会基本信息总结成表，如表1所示。

表1 历次读书会基本信息表

时间	阅读篇目/书目	参与人员	特邀嘉宾
2018年12月	1. 王富仁《鲁迅与顾颉刚》	四川大学各年级本硕博士生，李怡、刘福春、周文、妥佳宁等老师	四川大学历史文化学院王东杰老师
2019年3月	1. 朱康《"反映现实"与"反映人民内部矛盾"——〈锻炼锻炼〉与赵树理的批评的政治学》 2. 贺桂梅《"民族形式"问题与中国当代文学史（1940—70年代）的理论重构》	四川大学、北京师范大学、西南大学各年级本硕博士生，李怡、刘福春、妥佳宁等老师	西南大学张武军老师
2019年4月	1. 张广天《切·格瓦拉》（话剧）	四川大学各年级本硕博士生，李怡、刘福春等老师	

---

① 本文提及的"读书会"如无特指均为每月一次的读书会，与"西川读书会"相区别；"西川读书会"不简称为"读书会"。

续表1

时间	阅读篇目/书目	参与人员	特邀嘉宾
2019年10月	1. 罗岗《"人民文艺"的历史构成与现实境遇》 2. 冷嘉《大风雨中的漂泊者：从1942年的"三八节有感"说起》 3. 程凯《"理想人物"的历史生成与文学生成——"梁生宝"形象的再审视》	四川大学各年级本硕博士生，李怡、刘福春等老师	
2019年12月	1. 林志宏《民国乃敌国也：清遗民与近代中国政治文化的转变》 2. 张武军《民国历史形态与革命文学经验》 3. 杨天宏《"心通意会"：历史研究中的"虚证"》《人类学对历史学的方法启示》	四川大学各年级本硕博士生，李怡、刘福春等老师	四川大学历史文化学院杨天宏老师
2020年4月	1. 刘纳《嬗变：辛亥革命时期至五四时期的中国文学》 2. 王富仁《中国文化的守夜人：鲁迅》	四川大学各年级本硕博士生，李怡、刘福春、周维东、姜飞、妥佳宁等老师	中国社会科学院文学研究所刘纳老师
2020年5月	同上	四川大学各年级本硕博士生，李怡、刘福春、周维东、姜飞、妥佳宁等老师	中国社会科学院文学研究所刘纳老师
2020年10月	1. 倪伟《社会史视野下的中国现当代文学笔谈（之二）：社会史视野与文学研究的历史化》	四川大学各年级本硕博士生，李怡、刘福春、周维东、姜飞、妥佳宁等老师	四川师范大学李俊杰老师
2020年12月	1. 黄子平《当代文学中的"劳动"与"尊严"》 2. 蔡翔《革命/叙述：中国社会主义文学－文化想象（1949—1996）》 3. 钱振文《〈红岩〉是怎样炼成的：国家文学的生产和消费》	四川大学各年级本硕博士生，李怡、刘福春、周维东、姜飞、妥佳宁等老师	
2021年1月	1. 里所《星期三的珍珠船》《跨国惨案》 2. 刘秀林《海的女儿》 3. 康宇辰老师选讲诗歌：唐城《椋鸟飞过牛头山的天空》、多多《阿姆斯特丹的河流》、海子《祖国》（又名《以梦为马》）、范雪《给海子》、萧开愚《北站》 4. 谭谋远同学选讲诗歌：向阳《立场》《一首被撕裂的诗》、《乱》、《咬舌诗》、林亨泰《风景No.2》、夏宇《连连看》	四川大学各年级本硕博士生，李怡、刘福春、妥佳宁、欧阳月姣、康宇辰等老师	诗人里所（李淑敏）、小说家刘秀林

续表1

时间	阅读篇目/书目	参与人员	特邀嘉宾
2021年3月	1. 艾芜故里文学寻访系列活动——《李金发诗全编》发布暨品读会	四川大学各年级本硕博士生，李怡、刘福春、周维东、姜飞、妥佳宁等老师	四川大学陈厚诚老师、四川师范大学龚明德老师、四川师范大学李俊杰老师
2021年5月	1. 吴舒洁《世界的中国："东方弱小民族"与左翼视野的重构——以胡风译〈山灵〉为中心》 2. 韩琛《〈新青年〉与五四文明论》 3. 汪晖等《民族形式与革命的"文明"论》 4. 张勇《世界主义：重估"五四式反传统思想"的一个维度》	四川大学各年级本硕博士生，李怡、刘福春、周维东、妥佳宁、欧阳月姣等老师	四川师范大学李俊杰老师
2021年10月	1. 史景迁《追寻现代中国：1600—1949》 2. 陈旭麓《近代中国社会的新陈代谢》 3. 桑兵《走进共和：日记所见政权更替时期亲历者的心路历程（1911—1913）》 4. 杨念群：《五四的另一面："社会"观念的形成与新型组织的诞生》	四川大学各年级本硕博士生，李怡、刘福春、欧阳月姣、康宇辰等老师	
2021年12月	1. 王德威《哈佛新编中国现代文学史》 2. 梅维恒《哥伦比亚中国文学史》	四川大学各年级本硕博士生，李怡、刘福春等老师	中央民族大学熊权老师
2022年3月	1. 刘纳《嬗变：辛亥革命时期至五四时期的中国文学》	四川大学各年级硕博士生，李怡、刘福春、姜飞、肖伟胜、周文、李扬等老师	中国社会科学院文学研究所刘纳老师

细心的读者可能已经在上表中发现了一个小"插曲"——刘纳老师的《嬗变：辛亥革命时期至五四时期的中国文学》时隔两年再度"入围"。对于新同学而言，这自然是全新的学习机会；对于老同学而言，这也并非旧调重弹。谈及论文写作经验，许多老师都说写好之后要"放一放"，乍一听让人有点摸不着头脑，笔者借2022年3月这次读书会的机会回看了自己当初还比较满意的发言稿，只觉无比稚嫩，才觉此语所言极是。研究者对自己的文字容易产生自恋倾向，借助他人的批评可以帮助发现漏洞，过段时间后自己重读也可以发现不足，此所谓以时间换空间也。当然，这也与该书本身就具有很强的可读性、有许多值得学习的方面有关，至于学习后达到的具体效果，下文将与其他书目一同整合探讨。

三、"读书会"之成效

笔者自大四开始参加读书会，至今已三年有余，就自己的亲身体验与观察而言，读书会至少在以下四个方面使同学们受益良多。

（一）凝聚学术共同体，培养批判性思维

由前文所述读书会之组织方式不难明白其对促成"本科生—研究生"学术共同体的积极意义，而这种学术共同体对于培养学生的批判性思维是大有裨益的。此处援引布鲁克·诺埃尔·摩尔与理查德·帕克合著的《批判性思维：带你走出思维的误区》中对"批判性思维"（critical thinking）的表述："归结起来，批判性思维就是指审慎地运用推理去判定一个断言是否为真。值得注意的是，批判性思维往往不是指断言的真假本身，而是指对我们面临的断言进行评估。也可以说批判性思维的主旨是关于思维的思维。"[①] 批判性思维是独立展开学术研究的前提，而培养这种思维模式首先就要求教学设计应当偏重讨论与提问，而不是单纯宣讲或被动接收——这正是"启发式教育"的题中之义。可以说，"启发式教育"与"批判性思维"互为表里，后者为前者的目标所指，前者为后者保驾护航。这种思维模式养成越早，受益越大，对于本科生和低年级研究生而言，读书会轮流发言、鼓励提问与质疑的模式有助于他们尽早摆脱过去的学习思考方式并迈入学术研究的正轨。

（二）促进跨学科交流，开拓治学视野

前面已经提到，文学研究离不开对社会方方面面的理解，而中国现当代文学研究尤其是现代文学研究，受对近现代史的认知影响犹大。在过去很长一段时间里，受制于二元对立思维，我们的研究对丰富的历史细节造成了不同程度的遮蔽，在文学领域则呈现为对众多作家内心世界和精神面貌的误读。20世纪80年代以来，新的史观迅速为学界和社会所接受，客观上推动了历史研究，文学研究也随之焕然一新，如王富仁老师在其博士论文《中国反封建思想革命的一面镜子：〈呐喊〉〈彷徨〉综论》中区分了政治革命与思想革命，从反封建思想革命的角度对《呐喊》《彷徨》进行解读，堪称鲁迅研究里程碑式的著作。从表1中不难看出，"读书会"所选书目涉及范围颇广，如文学作品、中国现当代文学史论、中国近现代史、中国现当代思想史，还有海外汉学研究……如若再加上同学们发言时所征引的材料，则几乎无所不包；此外，读书会既读学术史上的经典著作，也读名家新作，还多次邀请历史学等其他学科老师共同参会并点评。此处论述文学与其他学科的关系，并非说文学研究的推进建立在其他学科的研究成果之上，而是想说读书会对"文史互证"等研究方法的强调、对跨学科学习的重视，在客观上都有助于开拓学生的治学视野、丰富学生对近现代历史和文学的想象，而视野与想象力恰可为学术境界的翅膀，从这个角度上讲，读书会不失为青

[①] 布鲁克·诺埃尔·摩尔，理查德·帕克. 批判性思维：带你走出思维的误区[M]. 北京：机械工业出版社，2012：3.

年学子学术道路的坚定基石。

（三）呵护文学感受力，尊重自身主体性。

文学研究虽需有多方视野，但这并不是说要在"跨界"过程中自我消解。20世纪80年代的研究并不十分注重学科边界，在"思想解放"的浪潮中，中国现代文学学科的影响往往溢出本学科乃至文学研究之外。1985年出版的《走向世界文学：中国现代作家与外国文学》这样一部如今看来"标准"的比较文学著作，其中绝大部分作品的作者都来自中国现代文学学科。而20世纪90年代以来，无论是中国现代文学还是整个中国文学研究在人文社会科学中的影响力都逐渐式微，这在一定程度上导致了学科的危机感。在与其他学科对话的过程中、在无数新兴"理论"的冲击下，文学研究者容易丢失"文学"本身，即把文学当作某种理论的注解、用实证推衍来代替自我感受——这当然是极端的情况。这与20世纪90年代以来学术范式的转换也有关联，这一转换使得知识分子自觉或不自觉地将其工作由"思想创造"变为"知识生产"，而如若不经审慎判断、不加任何反省地接收新的知识话语体系，则必然导致自身主体性的泯灭（要规避这一点又离不开批判性思维的养成）。对文学研究者而言，克服这一弊病的第一步就是返回文学文本，在对文学作品的细读中沉淀并归纳自己的感受。时刻保持对文字的敏感无疑是相当重要的，读书会多次选读小说、诗歌等文学作品，并邀请小说家和诗人与同学们连线交流，其用意正在此处。

（四）回应时代课题，陶冶爱国情操

立德树人是当下我国教育的根本任务，高等教育更应当培养德智体美劳全面发展的社会主义建设者和接班人。重读"五四"新文学、左翼文学和"十七年"文学、感知中国现当代历史的发展脉络和知识分子的精神变迁，是读书会的主线之一。2020年是江竹筠烈士诞辰100周年，全国各地均举办了大大小小的纪念活动，四川大学作为烈士的母校，更应挖掘红色基因、弘扬红色文化。是年12月，读书会也选读了与《红岩》相关的学术著作，对培养同学们的爱国主义情怀起到了正面作用。

以上所举仅是笔者个人不完全归纳的产物，相信每个参加读书会的同学都有属于自己的独特体验，凡此种种，不一而足。在未来的日子里，读书会必将继续发挥其对日常教育的补充作用、对"本科生—研究生"学术共同体的催化作用，启发更多青年学子，打开其学术研究的广阔天地。

本科生参与硕博士读书沙龙：一道本硕贯通培养的学术桥梁

——以四川大学望江读书会的实践为例

宋骁航

四川大学文学与新闻学院

近年来，随着教育部"基础学科拔尖学生培养计划2.0""基础学科招生改革试点"（即强基计划）等基础学科领域的战略性人才培养计划在全国各大重点高校陆续推行，探索与之相应的人才培养模式，也成为学界关注的热点话题。而进行相应的学制改革实践以及本硕贯通、本硕博一体化的人才培养模式探索，则是人才培养模式创新与社会发展的必要要求。对人文社会科学专业而言，早在十余年前，便有研究者提到"社会的发展对大学的教育体系提出了新的更高要求，使文科的人才培养从以本科教育为主的模式逐渐向本—硕—博一体化转移"[1]。在社会经济进一步发展的今天，为适应国家对新型拔尖创新人才的需求，创新人才培养的模式更是当务之急。

对于人文社会学科本科学生而言，在本科期间进行广泛而有效的阅读，是扎牢学术基础的必经之路。而提前参加硕博士读书沙龙，则可以对所读书目思想有较深程度的掌握，且可提前帮助本科生适应研究生学习氛围，是一道有效衔接本硕学习阶段的"桥梁"。笔者作为四川大学中国语言文学"拔尖计划"学生，在校内参与了由导师李怡教授组织的"望江读书会"。根据李怡教授介绍，"望江读书会"主要参加者是在校学生（博士生及硕士生），同时会根据不同的话题邀请不同的老师参加，一般是一个月或两个月一次。[2]"望江读书会"在李怡教授所组织的一系列学术沙龙中属于第一层级，而邀请"拔尖计划"本科生中对中国现当代文学与文化感兴趣者参与"望江读书会"硕博沙龙，则是在本硕贯通教育模式探索的大背景下，积极实践教育培养模式创新的一大创举。以下，笔者将以个人参加读书沙龙的体验为出发点，结合中国现当代文学学科当前教育现状，对本科生参与硕博士读书沙龙若干益处进行简要的评

---

[1] 吴秀明，戴燕. 文科人才培养规格与本、硕、博关系的处理[J]. 学位与研究生教育，2005（09）：27-31.
[2] 李怡，左存文. 在"西川"展开我们的论述：我的学术理想——李怡教授访谈录[J]. 当代文坛，2020（02）：24-32+2.

析，期待对本硕贯通教育模式的实践尤其是人文学科教育模式创新的探索起到抛砖引玉之效。

一、读书沙龙与"问题意识"的养成

众所周知，在绝大多数高校的文学院（中文系），作为必修课程的"中国现当代文学史"主要于大学本科一、二年级开设。由于"中国现当代文学史课程"开设于本科低年级阶段，任课教师在教学时势必要兼顾低年级学生，根据其学习接受能力组织教学。到了本科高年级阶段，学生面临升学选择，这时则需要教师利用其他手段，如开设选修课、开设读书会等方式对学生进行相应的拔高。而本科阶段"中国现当代文学史"课程的主要目标则是帮助学生打好文学史知识的基础，培养学生对作品的鉴赏能力和审美感受能力。正如一些在高校教授现当代文学的一线教师所言，现当代文学课程"即以经典文学作品为中心，将作家人格与文学现象密切结合，将理性化的理论教学与感性化的审美教学紧密结合"[1]。"（该课程）使学生们的审美阅读感受力更为敏锐，更能透过文本的字里行间感受到作者精妙的创作艺术。"[2]

因此，要进行本硕贯通模式的探索，则必须要在完成本科"中国现当代文学史"课程教学目标的基础上，与硕士生学习思维进行有效衔接。而读书沙龙则主要由在校硕博士参加，围绕特定的书籍与论文进行广泛而深入的讨论。相较于本科课程的培养目标，读书沙龙围绕某一专题与相关书籍、论文进行讨论，每次讨论都有集中的焦点问题，相较于基础性的本科课程，更具有鲜明的"问题意识"与"问题导向"，可以有效地提升本科生思维能力。

例如，在 2020 年 11 月的读书沙龙上，围绕黄子平《当代文学中的"劳动"与"尊严"》、蔡翔《革命/叙述：中国社会主义文学－文化想象（1949—1966）》、钱振文《〈红岩〉是怎样炼成的：国家文学的生产和消费》等论文或专著进行了专题讨论。在读书会前，老师通过简短的文字对阅读思考进行了点拨与引导，如提示读书发言可主要针对文学与历史的关系，文学如何书写历史，以及文学研究引入历史视野的意义何在等问题并适当加以展开，这对相对而言缺乏学科史学术史基础与视野的本科生而言大有裨益。彼时，笔者正在修读大二上学期中国当代文学课程，课程中涉及《三里湾》《创业史》《红岩》等"十七年文学"著作，如讲授《创业史》时，授课教师以"指导思想""史诗规模""人物设置"等要点为抓手切入文本。但在读书沙龙上，笔者在课程之外阅读了相关的研究文本，并在硕博士研究生学长学姐及老师的发言中，

---

[1] 魏建，彭冠龙."双一流"建设背景下普通地方高校如何打造"金课"——山东师范大学中国现代文学课程建设案例分析[J]. 山东师范大学学报（社会科学版），2021，66（05）：97-106.

[2] 陈思广. 问题设计与大二中国当代文学阅读教学——以谢冕、洪子诚主编《中国当代文学作品精选》为例[J]. 海南师范大学学报（社会科学版），2015，28（08）：24-30.

了解到了相关研究者进行研究的思想背景与学术方法。同时，在更高层面上，笔者听取了导师及硕博士研究生学长学姐对相关研究方法的评述（其中既有对研究方法的肯定，亦有从个体角度提出的可供商榷的部分）。而后，在导师的会前提示下，结合对阅读相关著作的体验，进一步思考诸如"文学与历史的关系"等更高层次的，具有根本性意义的一些问题。如此，便形成"文本阅读—相关研究—对研究的学习与批评—深层次问题"等一连串的学术思考链条。

再如 2021 年 3 月的读书沙龙，集中研讨了刘纳教授《嬗变：辛亥时期至五四时期的中国文学》一书。在阅读前，导师便向学生提示，在做读书会报告时可从刘纳教授的学术与思想，文学研究的文献使用，文学研究的语言风格等方面着手，学生在阅读书目，形成相关个人体验的基础上，借助导师的提示，可以初步对《嬗变：辛亥时期至五四时期的中国文学》一书形成立体的掌握。概言之，本科生在参与硕博士读书沙龙时，借助导师适当的方向引领与思考提示，加之个人在阅读相关著作，逐步形成"问题意识"，可有效地向研究生学习阶段过渡。在读书会中，导师亦时常在读书沙龙上对学生强调一些研究思路与心得，如不要迷信概念而要关注概念的生成与流变，如何选择合适的材料进行研究，如何保持对当下学术与人生的敏感性，等等，这些都对学生逐步走向学术研究之路有着重要的启示与帮助。

二、读书沙龙与本科生学术视野拓展

作为人文社会科学的主要学科之一，中国语言文学学科与其他人文社会学科关联密切。对中国语言文学学科学生而言，涉猎中国历史，中国哲学等学科，乃至熟习之并将其作为方法，是拓宽思维广度与加深思维深度的不二法门。对中国现当代文学学科而言，其与中国近现代史等学科的关联尤为密切，"文史互证"、当代文学"历史化"、"大文学史观"等诸多中国现当代文学学科研究领域新范式新方法的提出，都同中国近现代史领域有着密不可分的联系。这在"望江读书会"读书沙龙阅读书籍的选取"趣味"上有着生动的体现。

"望江读书会"选取讨论的书籍来源广泛，海内海外，文史之间，皆在阅读范围之内，在已经举办过的历次读书会中，有海外汉学文学史专题阅读（王德威《哈佛新编中国文学史》、梅维恒《哥伦比亚中国文学史》）；中国近代史书目专题阅读（陈旭麓《近代中国的新陈代谢》、史景迁《追寻现代中国》、杨念群《五四的另一面："社会"观念的形成与新型组织的诞生》、桑兵《走进共和：日记所见政权更替时期亲历者的心路历程（1911—1913）》）；等等。2019 年，读书会还曾邀请著名历史学家王东杰作客读书会现场共读《鲁迅与顾颉刚》。对笔者而言，在读书会上广泛阅读中国近现代史学科书籍，很好地扩宽了知识面与思考路径，如在阅读费正清《伟大的中国革命》、柯文《在中国发现历史》和《历史三调》等书籍时，便了解到西方史学界中国研究的"冲击—回应"模式与"在中国发现历史"两种思路,其"驰骋而东"并对中国近代史学界产生着巨大的影响,而这些史学界研究成果亦可以对中国现当代文学的若干研究思路的开掘有所启发(如"现代性""地方路径"等观点)。又如在学习中国现代文学本科课程之初,我们会不自觉地思考"中国现代文学为什么会在19世纪末20世纪初发生""中国现代文学在现代中国究竟占据着怎样的地位"等问题,而这些文学史上的核心话题,都与历史变革有着极为密切的关联。中国近现代史与中国现当代文学作为距离当下最近时段的历史与文学,时人或有着诸多偏见与不解,而钩沉历史的细节与脉络,将文学现象放诸历史的大环境之下,则会增进理性平和的心态,多几分"同情之理解",这也当是每一个研究者以及未来研究者的自觉。

对本科生而言,他们尚难以将史学研究的视野方法提升到熟练掌握并介入中国现当代文学研究的程度,但在阅读历史学著作时开阔思考问题的思路,构想文学丰富的多层次的发展图景,触摸真实的历史脉动,无疑是本科生加深对文学问题理解的极好方式。

三、读书沙龙与学术氛围熏陶

读书沙龙亲切自由的"漫谈"形式,对参加者而言,所能提升与拓展的不仅仅是思维能力、问题意识与学术视野,更能使参与者的精神在轻松而不失深刻的氛围里受到熏陶与滋养。人类文明中诸多智慧结晶皆是以"漫谈"的形式产生。有研究者认为"基于导师制的学术沙龙的教育目的是照料与拯救灵魂"[①]。对本科生尤其是参加了"拔尖计划"和"强基计划"的本科生而言,参与读书沙龙可以深入感受中国语言文学学科的博大精深以及该学科在传承过程中所形成的特定文化与精神,更好地贯彻"立德树人"的发展目标要求。

在"望江读书会"上,除了举行每月指定书目阅读,还会举办一些具有特定纪念意义的读书活动。2020年5月,在王富仁教授逝世三周年之际,"望江读书会"共读王富仁教授《鲁迅与顾颉刚》《中国文化的守夜人:鲁迅》两部书籍,在具有特定纪念意义的时间节点接触文本,追忆王富仁教授"赤地立新""孤绝启蒙"的学术精神。同时,邀请刘纳教授分享研究心得及对王富仁研究的评价,邀请刘福春教授回顾20世纪80年代的学术氛围。在硕博士们的发言与刘纳教授的总结发言中,笔者清晰了王富仁教授在鲁迅研究中的历史地位与特殊性,同时深深地体会到王富仁教授进行学术研究的热情与真诚。彼时,正值疫情在全球范围内大流行,全国高校基本未开启外地学生返校,我们的读书会也在网络"云端"进行。突如其来的疫情改变了我们很多

---

① 徐乐乐. 学术沙龙:一种基于导师制的自由教育探索[J]. 扬州大学学报(高教研究版),2021,25(05):71—77.

人的生存与心理状态，同时将诸多复杂的社会问题摆到了每一个人的眼前，此时重新追忆"五四"，追忆王富仁教授的为人与为学，为我们做人、治学增添了不少信心与动力。同时，在刘纳教授与刘福春教授对中国社会科学院诸位先生的回忆中，笔者则感受到了20世纪80年代"新启蒙"时代的学术氛围——虽则粗疏但元气淋漓（总结自陈平原语），也深刻地体会到学术研究融入"生命体验"的重要性。读书沙龙中对学科精神与学科文化的体察，可以在个人进行自主学习阅读的基础上，进一步帮助本科学生尽早树立对学科的认同，增进学科情怀，在潜移默化中帮助本科生在本科阶段树立长期进行研究的热情与信心。

此外，经过长期实践，"望江读书会"形成了特定的发言梯度，即从本科生到硕士研究生、博士研究生再到老师的发言顺序。尽量给予本科生，硕士生更大的发言空间，同时对博士生和老师的发言提出了更高的要求——在发言中对前面发言者的问题进行补充或回应。读书沙龙的引导者是老师，但同时，博士生对硕士生和本科生，硕士生对本科生，同样是一种引导。在沙龙中相互砥砺思想，切磋琢磨，有助于让本科生感受到友好互助的学术氛围，帮助本科生更好地融入硕博士的学习氛围中，有效地促进本硕衔接。同时，相对于本科课程以教师讲授、学生被动接受为主的教学模式，研究生课堂则以学生自主展示为中心的教育教学模式为主。在读书会上，本科生在阅读相关资料的基础进行主题专项发言，可以很好地锻炼语言组织能力与口语表达能力，与本科课堂相互补充，以帮助本科生养成良好的总结表达习惯，尽早适应未来的研究生学习模式。

四、小结

以上，笔者从自身参加"望江读书会"的体验出发，简要从"问题意识"，学科视野，学术熏陶三个方面对在本硕贯通培养模式探索的大背景下，本科生参与硕博士读书沙龙的益处进行了简要的分析论述。笔者的相关论述不求面面俱到，但求发自体验，并为相关模式的探索提供经验，以期更多的来自人文社会学科的本科生参与硕博士读书沙龙，丰富本硕贯通培养探索的个体经验。

本硕贯通培养模式的探索，可以从多条路径切入并进行实践。对人文社会科学学科的本科生而言，除了参与读书沙龙，还可以通过进入提前项目组学习，接受导师的学年论文指导等多种方式进行。在人类文明发展史上，与读书沙龙形式相近的自由研讨、读书切磋等曾起过重要的作用，此处不必赘言。孔子云："诗可以群"，在切磋中砥砺观点，在和而不同的包容空间中滋养思想，是类似于读书会一类以"群"形式呈现的民间文化沙龙得以存在并茁壮发展的真谛。诚然，学无定法，教亦无定法，笔者期待更多探索本硕贯通的新思路出现，共同促进本科教育水平的提高，为人才培养新模式的探索添砖加瓦。

试论专业读书会之于本硕博生学术能力培养
——以四川大学古代文学读书会为例

曹 茂

四川大学文学与新闻学院

随着"双一流"建设的开展,为响应中央关于大力培养创新人才与产出一流科研成果等的号召,目前高校在本科生管理与教育方面越来越注重其学术、科研能力的培养,注重本硕之间的联系共通,促进学术共同体的建设发展。在推进本硕学术共同体建设的过程中,读书会作为一种联系本硕学生交流接触的活动形式越来越受到关注。读书会是一种多人参与、主题明确统一的阅读活动,是"一种注重面对面交流和互动分享的小团体阅读形式"[①],共时性与互动性是其较为突出的特点。本文以四川大学古代文学读书会为例,尝试探讨读书会之于本硕博生学术能力培养的意义。

四川大学古代文学读书会主要由黄庭坚读书会与杜甫读书会组成,前者由本学院知名教授带头成立于2010年,发展至今,已有近十年的历史。后者在前者的影响与启迪下诞生,于2018年成立,至今亦有近四年的历史。四川大学古代文学读书会目前主要面向研究生开展活动,但也欢迎本科生参与旁听或报告主讲。读书会每两周开展一次,地点从学院会议室等校内场所延伸到杜甫草堂等校外高级会议厅,每次参会人数也至少在20人以上。参会人员既有知名教授,又有青年学者;既以硕士生、博士生为主力,又吸引具有学术志愿、兴趣的本科生参与。在文学与新闻学院,古代文学读书会可谓是较为规范、成熟、有影响力的非官方组织的读书会,在本硕博学术共同体的培养上发挥了较大作用。

一、提升专业能力与学术素养的第二课堂

传统的课堂教学侧重于知识的直接传授,不易发挥学生的主体性。而教师在教学时,往往会受到教学大纲、课堂时长等多方面的限制,其教学内容一定程度上也会随之调整为更具有普遍性、主流性的知识观点,因而较难展示一个学科多元、丰富的面貌。对此,专业读书会的存在可谓弥补了不少传统课堂教学的不足,让学生在专业知

---

① 曹桂平. 我国高校图书馆读书会现状与发展对策探讨[J]. 图书情报工作, 2015, 59(02): 44-50.

识的获取、学术能力的锻炼等方面受益颇丰，提升其学术素养。

（一）文献搜抉与文本细读

就人文学科而言，在个体学术研究的起始阶段，无论是本科生还是研究生，文献的搜集与整理加工都是其读书治学的基本能力之一。但对一些刚接触学术研究的本科生与低年级硕士生而言，其在日常自主学习过程中由于没有得到教师的及时指导，或者没有一个相对明确的研究论题，在搜集文献方面常出现不了解学术文献获取渠道、不能广泛与全面地搜集文献、难以择选具有代表性的文献以及不能判断文献的真伪性等问题，一定程度上会给后续的研究写作埋下隐患。而在专业读书会如四川大学古代文学读书会上，由于每次读书会都会指定明确的阅读篇目，会上也有专业教授、高年级硕博生的评价指导，因此在主题和方法上都有章可循，本科生与低年级的硕士生都能习得详细具体的本专业文献搜抉的相关知识与途径，如在阅读古籍所需要掌握的目录学、版本学知识，辨别一部古籍的真伪以及版本优劣，知道从哪些网站浏览、下载所需要的古籍原典等。

而在掌握了文献搜抉这一基础治学能力之后，如何阅读、分析自己搜抉的文献文本是学术研究需要面对的另一个问题。在这一阶段，文本细读的概念就自然地进入了学子们的视野。文本细读是文学专业重要的研究方法之一，它要求研究者对自己面对的文本进行沉浸式阅读，在阅读过程中处处生疑，发现新的评价与阐释思路。在传统课堂教学中，虽然教师在教学过程中会对文本细读的概念进行介绍，甚至布置一些相应的阅读任务作为实践训练，但其相比起读书会上学生与教师共同阅读而言还是缺少了一些即时性的指导与反馈。在四川大学古代文学读书会上，每次做报告的同学都会按照解体（即分析一首诗的体式）、解题（即介绍其诗的相关写作背景）、注释（即对其诗中的疑难字句进行解释）、翻译（即用现代白话文翻译古诗）、赏析（即围绕一个点对其诗进行鉴赏）五个基本步骤来讲解指定阅读的诗作，因此无论是做报告的同学还是参会的同学都能从中进行文本细读的实践，从而真正理解如何阅读、分析自己面对的文本，发现前人研究的未尽之处与自己可研究的论题，在此基础上提升自己的学术素养。

（二）实际写作与学术规范

读书会作为培养本硕博专业能力的第二课堂，除了对学生进行基本的文献搜抉和文本细读能力培养之外，还为学生提供了一个可进行论文写作练笔与学术规范习得的环境。就论文写作练笔而言，在日常的专业学习过程中，学生一学期一般需要提交一到两篇较为规范的学术论文，而在撰写论文的过程中，由于撰写经验的缺失和教师一对一指导的缺失，学生在论文选题、构思到完成写作的过程中并不能对自己的论文产生较为客观、完整的认知。因此，如何提高自己的论文写作水平成为困扰学生的一个问题。以四川大学古代文学读书会为例,会前要求每次负责报告的同学将其报告的诗歌的"赏析"部分撰写成一篇较为正规的小论文,论文需围绕所报告诗歌中的某个问题展开讨论,并尝试解答。学生在撰写小论文的过程中,是带着问题意识来进行写作的,因而论文内容具有一定的针对性。同时,在读书会上,具有丰富论文撰写经验的教授、学者以及硕博前辈,甚至其同级生都会针对其报告中的小论文发表意见,既会从论文内容观点层面提出自己的疑惑见解,又会从行文思路、论证逻辑等写作层面提出意见与建议。在大家的共同努力下,学生能对自己撰写的论文有一个较为全面的认知,并在此基础上丰富论文写作经验。通过撰写专业读书会所要求的赏析小论文,一方面有利于提升学生的问题思考与解答能力,另一方面也是另一种形式的论文练笔,对其提高论文写作水平有一定的帮助。

此外,在具体的论文写作过程中,学术写作规范也是另一个需要注意的问题。对本硕生尤其是本科生而言,在其接触学术论文的早期阶段,对于本专业的学术论文写作细节并不十分熟悉。而在其日常的学习课堂上,教师也不一定会对学术写作规范进行一一介绍。而四川大学古代文学读书会则通过五体诗歌报告的学术训练,帮助学生更深入地理解与践行学术写作规范。具体而言,在学生的诗歌报告中,从一开始的"解体"到最终的"赏析",几乎每部分都会涉及对古籍或现代学术专著、论文的引用以及对古籍原文的标点等问题,而这些也都是四川大学古代文学读书会所强调的学术写作规范,是其比较关注与正视的问题。在读书会上,不当的地方将被指出,值得作为参考的将予以肯定。与会的本硕生通过撰写读诗报告或阅读他人的报告,习得本专业学术写作的一些规范,从而增强其学术素养。

二、促进师生—生生交流互助的学术空间

《礼记·学记》有言:"独学而无友,则孤陋而寡闻。"在本科生与研究生的日常学习生活中,与他人交流、分享自己在本专业方面的学术思考对其提升学术能力而言是十分必要的。此外,参加学术会议、聆听学术讲座等方式也有助于启发个人的学术思想,拓展其研究视野。但日常的交流在缺少专业指导的情况下,或许会有些低效;专业的、具有一定影响力的学术会议又有一定门槛,并非人人都能参加;学术讲座则并非定期举行,且主题不一,在连续性和适用性上都存在一定不足。而专业读书会这种强调互动、举办时间稳定的阅读团体,则成为师生、生生进行学术交流、信息共享的桥梁,构建起师生共同参与的学术空间。

(一)与教授学者的面对面解惑答疑:学术思想的启迪

对于大学教育,有学者认为"真正的大学教育就是要将青年人置于经验丰富而又

依然充满想象力的学者的智慧之下"[①]，这实际上是在强调学者与学生之间交流互动对促进学生成长的重要性。就目前的高校教育而言，导师制、小班制等的提出与开展一定程度上都是在促进教师与学生之间共同体关系的建立，促进两者的思想交流与情感共生，从而更好地提升学生在学习、学术等方面的能力素养。然而无论是导师制还是小班制，实际上都是一位老师与多位学生的交流互动。而在专业读书会上，由于参与人员身份的多元性，因而学生可以"转益多师"，兼听不同学者的意见观点。

具体而言，在四川大学古代文学读书会中，黄庭坚读书会主要由周裕锴教授主持，杜甫读书会则主要由孙尚勇教授主持，两位教授都是在学界卓有建树的人物，在本硕博教学与学术研究方面都有丰富的经验。同时，每次读书会还会有两名以上的青年学者参与，这些青年学者往往是初入高校或主要负责课堂教学的年轻人，担任助理研究员、讲师一类的职务，相对而言比较能理解当下年轻学子们的学习状态与心理期待，与本硕生之间也有较多的日常交流。而通过专业读书会这一活动，与会的本硕博生都能参与到一般课堂不能实现的多学者同堂的交流互动中来，近距离地与本专业知名学者进行沟通、交流，促进不同思想的碰撞。在读书会的进行过程中，学生一方面能够获得老师针对读书报告提出的意见、指导，另一方面也可从这种日常交流中学习其读书治学的方式方法、思维视野，并获取本专业研究前沿的一些学术信息，了解目前学界的研究热点。正如学者龚放指出的那样，在师生交流的这个过程中，"凭借教授自身的经历、体验、理性和激情，靠着知识存在的朴素状态和知识探索的鲜活过程，唤醒青年学子的探索兴趣和创造激情。"[②] 由此可知，与平时景仰的教授学者进行沟通交流，学生得到的不仅是知识性的指导，还有对这个学科、专业更深的理解与认同。

（二）本、硕、博学生无障碍式交流：信息的传播共享

高等教育的人才培养以学生为主体，而教师本身充当的更多是知识的传授者、思想的启迪或引导者这样的角色。学生通过与教师的交流互动，能解决自己在专业知识方面的疑惑，并在教师的指导下培养发现、解决学术问题的思维方式。但是学生在个人的学习生活中，面对的不仅仅是这些专业学习内部的问题，还有求学、升学等外部的现实问题。对有学术兴趣、理想，想要进一步提升学术水平的本科生或硕士研究生而言，在升学这一问题上，如何联系自己心仪的院校、需要准备哪些相应的申请材料以及如何应对心仪院校的笔试面试等现实细节问题都是其在求学过程中关注的问题。针对这些问题，高校教务处会不定期开展一些有助于学生升学的讲座或其他相关活动，高校内部相关的学生组织也会开展一些升学分享会。但不同专业的学科有其各自

---

① 龚放. 大学"师生共同体"：概念辨析与现实重构 [J]. 中国高教研究，2016（12）：6-10.
② 龚放. 大学"师生共同体"：概念辨析与现实重构 [J]. 中国高教研究，2016（12）：6-10.

特殊性，一般的升学经验分享讲座或许并不适合所有学科。且这些活动的举办时间都不固定，对一些想要提早进行升学准备的同学而言存在一定不足。

在求学经验、升学信息的传播共享这一问题上，专业读书会或许能发挥一些作用。在四川大学古代文学读书会上，参会的同学以古代文学专业或对此专业有兴趣的学生为主。其中，在学历层次上，硕士生占主体，本科生与博士生次之。会上，本科生与硕博研究生一同阅读指定的文本，在发言提问环节也可以倾听不同学习层级同学的观点、想法，因而一定程度上也能"兼听则明"、拓展其思维与视野。此外，每学期的第一场读书会都有自我介绍环节，旨在与会的同学能相互认识。通过一学期的读书会活动，经常参会的同学在聆听他人发言的过程中对各自都有了一定的了解，彼此之间由陌生到熟悉，交流的内容也得以拓展、深化。具体说来，对本科生而言，通过与有经验的、年龄相近的硕博生进行交流沟通，能够获得更多、更详细的求学经验与治学方式方法，从而在此基础上进一步调整与明确自己的学习计划与未来的研究方向。而硕士生也能从师从其他导师的博士生那里获取与本科生类似的求学信息与经验指点。对硕博生而言，与学术能力尚不成熟但思想活跃、思维尚未受到太多既有研究模式限制的本科生进行交流，倾听他们的观点与看法，一定程度上也能促使其研究思路的拓展，使其关注到平时习焉不察的一些问题。通过专业读书会，本、硕、博学生可以传递和交换各自拥有的信息与经验，在一定程度上互相帮助，对营造良好的学术氛围具有积极意义。

三、提供从学术想象到实际体验的研究环境

有学者指出："本科培养通常为宽口径的专业教育，而硕士到博士的培养则是高端人才的专业教育。"[①] 由本科生到研究生的身份改变也意味着学习难度的提高、研究深度的拓展。而专业读书会这样一种学术性较强的读书活动，对本硕博生尤其是即将升入或刚升入更高一级学段的学生而言，一定程度上具有过渡与调节作用，为其提供一个实现其学术想象和学术期待的体验环境。

一方面，对本科生尤其是即将进入研究生学段的本科生而言，参加专业读书会有助于其加深对本学科研究内容的理解，并从中提前体验学术研究生活。就加深对本学科研究内容的理解而言，以黄庭坚读书会为例，参会的同学首先要阅读的文本是黄庭坚撰、任渊注的《山谷诗集注》，这一古籍对于古代文学研究生而言尚属正常阅读与研究范围内需要使用的书籍，但对还未深入本专业研究领域的本科生而言则显得较为陌生，阅读起来也较为吃力。通过参加读书会，本科生能接触到一般的教材、学术专

---

① 吴静怡，奚立峰，杜朋林，孟佳，丛峰. 本硕博课程贯通与交叉人才培养 [J]. 高等工程教育研究，2015 (03)：94-101+107.

著之外与实际学术研究距离更近的著作，了解本学科学者在实际研究中着手的文本类型。同时，通过撰写报告或阅读他人的报告，本科生能够了解本学科在实际研究中所需要掌握的不同方面的知识，以及应当具备的文化素养。如在古代文学读书会上，学生通过撰写读诗报告，在"解体"即解说诗歌体例的部分能够了解中国古诗的体例类型与历史变迁，并掌握一些声律知识；在"解题""注释"部分又能够通过搜抉相关资料、注释词语、解释典故等工作，获得一些如典章制度、地理文化、书目版本等古代文学研究的相关知识。由此，通过这样一系列的动手动脑活动，学生对本专业所涉及的实际研究内容、范畴有了一定的把握，不再停留于泛泛而谈的"外行"水平。此外，就四川大学古代文学读书会而言，不仅是一个以兴趣为导向的读书活动，也是一个较为严肃、正规的小型学术交流活动。在黄庭坚读书会和杜甫读书会上，当期主讲的同学严格按照读书会要求的环节、格式撰写指定的诗作报告，参会的老师、其他同学则针对报告中的疑惑或不足之处进行提问或提意见。对一些即将升学的本科生或刚入学的研究生而言，仅仅是参与到这一活动之中，倾听其他前辈师长的所谈所感也能使其体验到真实的学术生态，从而帮助其更好地适应其后的学术研究生活。

另一方面，通过参加专业读书会，学生能在实际的体验过程中培养自己的学术眼光，积累论文选题，使其在体验学术生活的同时也能促进专业能力的提升。同样以黄庭坚读书会为例，读书会在一般的报告环节之外，还有一个论文分享活动。该活动主要是由上一期读书会报告主讲者提前在读书微信群里转发一篇自己较为推荐的载于本专业重要期刊上的论文供同学线下阅读，之后再由推荐者在读书会上简述该论文的主要观点、行文逻辑并阐述自己的推荐理由，待分享完毕后，参会老师与其他同学根据文章具体内容进行讨论。这一活动不仅能够让参会同学了解本专业在学术界的一些最新研究成果、掌握近期的学术动态，而且还能够锻炼同学的学术鉴赏能力与判断能力，简言之，通过参加读书会，能够提升学生的学术眼光。此外，同学在准备报告的过程中，由于主要接触的是原始文献（如《山谷诗集注》）而非学术论著之类的"二手"材料，在阅读过程中更有可能发现具有价值的原创性问题，在围绕这些问题进行资料搜集的过程中，既能储备相关的学术材料，又能激发新的写作灵感，最终为自己积累一些有心得的论文选题。而其他参会同学在阅读他人的报告、参与讨论的过程中，也能在他人观点的启发下产生新的论文写作想法。

四、结语

由以上分析可知，专业读书会带动本硕博生直接阅读本学科经典著作，在此过程中锻炼学生的文本阅读与分析能力，培养学生文献搜集、论文撰写的实际动手能力，在一定程度上弥补了传统课堂教学的不足。专业读书会在过程上侧重师生、生生的交流互动，在与教授专家的面对面接触、交流、探讨中，学生的学术兴趣、热情被激发、调动起来，增强了其进行研究性写作的积极性；在与不同学习层级或专业的同学进行交谈、讨论的过程中，学生密切关注的求学、升学、治学等信息、经验、方法得以传播共享，这也有助于有升学等相关需求的同学及时调整自己的学业规划，进一步明确自己的治学方向。此外，专业读书会对于处于升学阶段的本硕生或刚入学的硕博生而言，也为其提供了一个可帮助其感受、适应实际学术研究生活的环境空间，对其认识本专业学术前沿、把握学术动态都有一定益处。

总体而言，专业读书会的开展提升了参会学生的学术素养，增强了其进行独立学术研究的能力，在此过程中将本专业教师与学生，本科生与研究生联系在一起，促进了学术共同体的建立与发展，是高校培养学子学术能力的重要活动组织之一。因而，由官方出面为其进行更大范围内的宣传，提升其知名度以吸引更多学生参会，为其会议建设投入更多的资源、经费等当在高校接下来的工作中被提上日程，由此才能进一步提升学生的学术科研能力，推动高校学术建设。

古典文献学的本硕博共同体

在川大古典文献学专业求学的体验

石勖言

河北师范大学文学院

我在四川大学求学期间逐渐走上文献学研究的道路，起初颇有偶然成分。本科期间，读书兴趣相当旁骛，泛滥无归，而不求甚解。大三时，修读了"中国文学典籍"与"古典文献学"两门课程，才知道何为文献学。这两门课，前者是我后来的导师罗鹭先生（下文中称"罗师"）所开设，后者由文献学教研室各位先生轮流讲授。一年下来，尽管一知半解，我仍然觉得这门学术与自己的性格比较相合。因为文学分析向来让我感到头疼，勉强写些鉴赏批评，总觉心里没底，而文献学是一门实学，关注实在的文本及其物质形态，容易捉摸。而且罗师讲课时博学而温厚的风范，更有说不出的感染力。于是在决定研究生的攻读方向时，我爽利地选择了古典文献学专业。

到了硕士阶段，我才逐渐了解治学的门道。川大古典文献学是极有特色的，一方面，多数老师系出项门，在佛教、敦煌学、俗文学研究领域积累深厚。犹记开学第一日，听何剑平老师讲敦煌文献课，真如河伯观海之茫然，四顾惶惶。不久以后，我便硬着头皮开始解读讲经文，训释《碧岩录》，逼迫自己读许多未见未闻之书，大大拓宽了我的视野，并训练了我的文献检索能力。另一方面，蜀中学术诚笃敦朴，似与"主流"若即若离，古风盎然。我常想起《元史》所云"蜀人治经，必先古注疏"，这个治学习惯大约由来已久。张子开老师曾说，我们继承的是乾嘉朴学的传统。刘长东老师的博闻强识，也令人慑服，其讲《尚书》，字考而句究，处处触类旁通，一学期方讲到"黎民于变时雍"，而总能吸引许多听众。罗师则引入东南学术一脉，学问扎实谨严。罗师常说起陶敏先生，讲他当年在南京图书馆，为查找一首明诗，花了一个月将《四库全书》逐本翻读过去的故事；还说起自己做博论时，也曾查阅过数千种文献。这些故事对我们实在都有潜移默化的影响。罗师专治元代文献，在其指导下，我选择元代学者杜本做了一些考证，并将其作为硕士论文题目，后来考入元代文学研究的"重镇"——北京师范大学古籍所，继续研治元代文学文献，并参与《全元文补编》等工作，又在硕论部分章节基础上扩展，形成了关于元代地方社会的博士论文选题。可以说，我的研究方向和思维习惯，都是在川大打下的基础。

在川大学习古典文献学的另一大收获是一帮"神奇"的同学。他们的神奇之处在于我们十几人关系之融洽，大家切磋讨论的热情程度之高，是此前此后的求学生涯都不曾有的。大家各有研究专长，而且皆颇为勤奋，有人曾因为藏书如山般堆积而受到本地报纸采访，还有人因为超强的专业能力被隔壁古代文学班当作活字典。我们自发组织了很长时间的《史记》读书会，用文本细读的办法依次主讲。后来老师觉得可取，吩咐我们做了会议记录，作为四川省研究生教改项目的一部分实验成果。如今我忝教于大学，指导着本科生读书会，也尝试复制这一经验。独学而无友，则孤陋而寡闻，但当年的地利人和，也实在是可遇不可求。

作为资历尚浅的后辈，我对于本硕博贯通式培养，不敢妄加论述，只能略言个人求学的体会。葛兆光先生说："给本科生常识，给硕士生方法，给博士生视野。"我以为是精当的见解。回想起来，我在本科阶段总觉得读书少，这是我求学生涯中最大的遗憾。进入大学之初，似乎应当注重泛读，甚至可以重量而不重质，尽可能多接触古今中外各类书籍、文献，对各个领域建立起基本认识。硕士阶段，则可重点研读论著，学习研究方法。对于古典文献学专业而言，我以为还需要开始有意识地熟悉某一类别文献，乃至专治一书，通过抄集卡片，围绕问题逐步建立自己的"资料库"——这是任何现成图书馆、数据库所不能取代的，虽是笨功夫，却是文献学的正途，可以令人受益多年。博士阶段，因为要做一个较大的题目，势必需要更大的眼界。一方面，对"文学"的跳脱超越也许是必要的。古典文献学本是涉古专业共同的基础学科，从性质上讲其实与史学更亲近，而中文系下的"古典文献学"学生往往会因选题"不够文学"而烦恼，我总觉得这是无谓的设限。另一方面，蜀地学风有其淳古之佳处，但远离学术中心，也确实存在保守因循、资料不便的缺憾。从四川到北京，我真切感到学术资源与学风的差异。因此，我认为博士生们也应多利用机会走出去，保持与学界对话的意识。自然，我所认识的川大学长、同学，都是积极精进的，文新学院一直以来也为我们提供着许多校际、国际的交流平台，所以忧虑应该是多余的了。

我的文献学学习之路

唐雪康

复旦大学历史地理研究中心

我在2010年秋进入四川大学中文系读书。与其他同学略有不同的是，因自幼便对传统文史之学抱有浓厚兴趣，在高考前，我曾参加川大自主招生的首届"双特生"考试，经过以霍巍教授为主席的五位面试专家组织的近两小时的面试笔试后，获得通过。进入川大后，学校即为我专门制定了培养方案，并请王红教授担任我的导师。

第一次见王老师，王老师就为我开列了一份"必读书目"，均是唐及唐前经典要籍。书名之下，标明建议阅读的版本。第一学期，让我首先阅读《诗经》。当时我脑海中完全没有文献学的概念，只是凭着一腔热情，把书单上关于《诗经》的文献全部借来阅读。如《毛诗注疏》、朱熹《诗集传》、姚际恒《诗经通论》、方玉润《诗经原始》、崔述《读风偶识》等。还记得《读风偶识》在图书馆检寻不到，请教王老师后才知道此书收于顾颉刚先生编订的《崔东壁遗书》中。就这样一知半解地读了一个学期，将《诗经》及其注本读了大半。当时虽不知道什么是"即类求书，因书就学"，但在阅读的过程中，也算找到了一些阅读文献的感觉。

或许觉得我读书还算认真，在我大一下学期，王老师特意为我开设了"文献学入门"的课程。这门课即王老师为川大古代文学专业研究生开设的"文学文献学"课程的浓缩版，希望通过这门课程，使学生学习文献学的入门知识，探究学术源流，从而略窥读书治学门径。课程讲义的蓝本是王老师当年在陕西师范大学读书时修读黄永年先生讲文献学的听课笔记，后来中华书局也曾出版曹旅宁根据听课笔记整理的《黄永年文史五讲》，其中"目录学讲义"部分与王老师的笔记可明显看出同出一源。就我个人的学习阅读体会，王老师的记录更加详细。一如黄先生曾公开出版的《唐史史料学》一般，黄先生的讲义没有一点人云亦云的泛泛而谈，均是甘苦自得、金针度人之言。特别是在学习"四部文献之用"的过程中，我利用课余时间，尽可能多地将涉及文献的影印本或整理本找出翻看，虽然做不到逐一阅读，但通过浏览书前的"出版说明"，我对中国古代基本文史典籍有了进一步的了解。此后，我开始有意识地阅读《四库提要》，并且逐渐有了学术史的概念，从此读书感觉有了一点门径。

川大中文系本科并没有设置"古典文献学"这一专业方向，但我在本科阶段，曾选修和旁听了部分古代文学及古典文献学专业的研究生课程，如王红老师开设的"魏晋南北朝韵文研究"，罗鹭老师开设的"版本学"，项楚先生开设的"佛教文献研究"等。在王老师的课上，我曾给《文选》所收的潘岳《西征赋》、成公绥《啸赋》作笺注；在罗老师的课上，做过关于清代版刻发展概述的报告；在项先生的课上，尝试校勘串讲了《九想观》等敦煌写卷。以上诸多训练，为我后来从事文献研究，打下了一定的基础。我在撰写本科毕业论文时，选取了唐钞《文选集注》所存的鲍照诗进行研究。撰写论文之前，我先将文本涉及的十多个《文选》版本进行校勘，形成了长达十万字的校勘记，进而做出相应的探究。当时我并没有任何实物版本的概念，甚至连善本书都没有摸过，但通过这一具体细微的研究，我渐渐感受到了版本校勘这一实证性研究的魅力，并逐渐对此产生了兴趣。

2014年，我来到复旦大学读研究生，正式选取古典文献学作为专业。当时复旦中文系陈尚君先生的团队刚刚完成《二十四史》修订工程中两部《五代史》的修订，开始着手对《旧唐书》进行修订。我也参加了唐雯老师组织的《旧唐书》读书班，并对《旧唐书》的部分宰相列传做逐句的史源考证。在这个过程中，我深刻体会到文献在流传过程中的复杂多样，培养了一定的辨析史料的能力。此外，我逐渐扩大了文献材料的学习范围，主要是石刻文献以及日记、尺牍等近代文献。同时我也利用在东南的便利条件，加强了对实物版本的学习，逐渐认识到版本鉴定对于文献研究的重要之处。近年我曾在《文献》《历史文献》杂志上发表过数篇论文及文献整理，算是我近年学习文献学的一些成果。

虽然我认为自己距离所谓"贯通式人才"还差很远，但我仍想谈谈个人对本专业贯通式人才培养的两点看法。第一，适当打破专业区隔，无分中文、历史甚至考古。古人的知识结构都是复杂多元的，很难按照现在所谓的专业进行界定。对于历史上的一些大学问家，其著作若按照传统目录进行划分，往往是四部兼备。今人进行文献整理，遇到这些学者的著作，时常会感到自己某方面能力的缺漏。因此，适当打破专业区隔，对于拓宽文献学习视野，提高文献研究的精深度，都十分必要。第二，勤于"动手"，充满怀疑的精神。文献学说到底是一门实践性很强的学问，在学习文献学的过程中，要有傅斯年先生所谓"上穷碧落下黄泉，动手动脚找东西"的态度，勤于实践，将目录、版本、校勘的知识用到实处。同时，也要具备怀疑精神，理解陈垣先生所说的"勿信人之言，人实诳汝"，一切可信的结论都要在自己的探究中得来。譬如一般的文献学教科书，在讲版本时通常会提到《四库全书》本版本价值不高，不可用。但事实上，我在校勘文献的过程中，不止一次发现，有些典籍的四库本确有胜于其他版本的优长之处，如果不加辨析，轻易否定，也会出现疏漏。

川大文献学与我

易 斌

四川大学文学与新闻学院

2017年10月，在并不漫长的等待之后，我终于收到了四川大学"3+2+3"本硕博连读的预录取通知，正式开启了自己古典文献学的研究生生涯。如今想来，之所以选择这样一个在外人眼中略显冷门的专业作为自己的研究方向，与我在本科时期接受的教育密切相关：一方面，文新学院本科就为学生开设了"古典文献学"基础课程以及部分经典的专书研究课程，前者使我们对这一内涵丰富学科下的诸多领域形成了初步的认知，后者则使我们具象地深入到了某本经典的产生、流变、注疏的历史与文本内容的校勘、研读、考证之中。二者结合，加之各位老师在课堂上的热情、专注及博学基础之上的审慎，让懵懂无知的我对文献学产生了独特的好感；另一方面，在"古代汉语""古代文学"等汉语言文学专业课程之上，老师们也反复强调文献学基础对于具体研究的重要意义。犹记得曾经困扰自己的不少问题，经老师们从文献学的角度稍加点拨，我便茅塞顿开，进一步认识到了问题的本质。在这样一次又一次的具体运用之中，文献学的意识在我的心中悄悄扎下根来。等到选专业时，考虑到这样一个学科对自己长久发展的奠基性作用，在反复斟酌之后，我最终选择了文献学。除此之外，文新学院在本科教育中对中国语言文学下各二级专业大都开设了相关的必修与选修课程，其间还组织了大量的学术活动，使我们对各专业都具有了一定的直观认识，也正是在这样的情况下，这种选择才是有意义的。

进入具体的学习阶段后，四川大学的文献学专业更是为我打开了一扇全新的窗户。首先，川大的文献学在通识性的教育之外，别具特色，敦煌文献、俗文献、宗教文献等传统文献学较少涉及的领域在川大均开设有专门的课程，我的眼界得以进一步打开，见识到了四部之外更加广阔的文献世界。其次，川大的文献学教育不仅仅停留在书本与理论的层面，而是带领我们深入具体的实践之中，使我们对知识的掌握更加全面。在学习过程中，老师们不仅将自己珍藏的古籍作为教具在班中传阅，使我们对古籍的装帧、版式、用纸用墨等较难描述的问题形成了感性的认识，更是利用课余时间带领我们深入院图书馆、校图书馆的古籍特藏中心，在整理、编目的过程中，将所学到的知识进一步强化，为我们的学术研究与职业发展提供了强大的助力。最后，川大作为文科实力雄厚的院校，各学院、各专业都开设有大量精品课程并定期邀请学者作前沿讲座，其中介绍的许多理论与方法对于文献学的学习研究都具有极大的价值。

在川大文献学本硕博贯通式培养的过程中，自己受益匪浅。为了使这一制度更加有利于学生的培养，结合自己的经历，冒昧提出如下几点建议：第一，本硕博三阶段进行贯通式培养时，相关的配套措施应予以进一步跟进，部分行政系统有待进一步整合优化；第二，本硕博三阶段的课程设置（尤其是必修课）在客观上存在一定的重复，可给予连读学生一定的免修政策；第三，本科期间文献学课程的开设可提前至大一大二，或许更加有利于学生的综合培养。

中国语言文学拔尖学生培养论坛（2022）暨浙江大学文学院惟学书院成立仪式综述

何哲涵

浙江大学文学院

2022年4月24日，中国语言文学拔尖学生培养论坛（2022）暨浙江大学文学院惟学书院成立仪式在浙江大学紫金港校区顺利举行。会议分成惟学书院成立仪式与中国语言文学拔尖学生培养论坛两个环节，采用线上线下相结合的形式。来自国内二十所高校的近四十位专家学者出席会议。

惟学书院的成立仪式由浙江大学文学院党委书记李铭霞主持。浙江大学竺可桢学院常务副院长、党委书记葛坚教授，浙江大学文学院院长冯国栋教授先后致辞。随后进行了惟学书院的揭牌仪式与惟学书院院长、副院长的聘任仪式。院长由胡可先教授担任，副院长由陶然教授担任。其后胡可先教授以"所务惟学，其命惟新"为题进行了主题发言。

葛坚教授指出，中文学科作为基础学科，对拔尖人才的培养符合国家重大战略需求。竺可桢学院作为浙江大学拔尖创新人才的培养基地，始终呼应国家的需要，于2019年开设了"汉语言文学拔尖班"，2020年开设了汉语言文学专业（古文字方向）"强基计划班"。文学院在"三制三化"的培养模式基础之上设立"惟学书院"，是学院探索基础人才培养的有益实践。惟学书院作为浙大文学院对优秀本科学生实施"特别培养"的教学基地，要坚持以拔尖培养为核心，构筑一流人才培养体系，坚持以课程教材为抓手，提升本科教育质量。

冯国栋教授主要介绍了浙江大学文学院的基本格局，概括为"两尖两体两翼发展，三古三新三足鼎立"。前半句是说本科教育，后半句是说学科格局。"两尖"是指拔尖班和强基班，"两体"是指汉语言文学专业和古典文献学专业两个国家一流本科建设点，"两翼"是指编辑出版学、影视与动漫编导两个专业方向。"三古"是指古代文学、古代汉语、古典文献三个学科强项。"三新"是指文艺学、现当代文学、比较文学与世界文学。"三足鼎立"是指文学、语言、文献三大门类齐全。惟学书院是文学院本科教育教学的试验田，将对接竺可桢学院，承担拔尖计划与强基计划的人才培养。

胡可先教授围绕惟学书院的名称、宗旨与任务发表了看法。"惟学"一词是取自马一浮创作的《浙江大学校歌》中"惟学无际,际于天地"一句,其源头则可追溯到《晋书·范宁传》"帝以(范)宁所务惟学"。惟学书院是传统与现代的结合,其使命重在"惟学",通过学习、学问、学术、学统、学派的层层递进,最终达到"惟新"的追求。惟学书院接下来会立足于拔尖人才培养的定位,培养中文基础学科的引领性人才和冷门绝学人才。书院具体将会展开三项工作:一是抓住核心,通过建设核心队伍、核心课程、核心教材,完善培养体系;二是推进学术,创办《惟学》学刊,开展"惟学"讲座,举办"惟学"沙龙;三是加强协同,注重大师引领、学科交叉,推进与外校及境外的交流协作,形成开放式的办学格局。

中国语言文学拔尖学生培养论坛分为上下两场,分别由胡可先教授与陶然教授主持。各高校专家学者主要围绕"拔尖学生培养机制的建立""拔尖学生培养课程体系的融通""拔尖学生的个性化、国际化培养路径""对中文学科现有培养模式的反思"四个方面进行发言与讨论。

一、拔尖学生培养机制的建立

教育部于2019年至2021年先后公布了三批基础学科拔尖学生培养计划2.0基地名单,其中中国语言文学类别共有十八所高校入围。会议上专家学者分享了各自学校在建设拔尖学生培养基地中的做法或思路,主要是在现有培养体系的基础之上,根据教育部的政策要求,进行了相应的改革调整,逐步建立起新的拔尖学生培养机制。

马兵教授(山东大学文学院)介绍了山东大学在基础学科拔尖人才培养过程中的做法和思路。山东大学文学院以"闻一多班"与尼山学堂为建设基础,已经实行了一系列培养举措,包括建立选拔与流动机制,建立开放教师和导师制,推动课程体系的原典化,实行论文报告会和科研立项制,实施全过程培养等。在未来拔尖人才基地2.0建设方面,则打算以"原典课"的建设为抓手,修订和完善人才培养方案,强化大师引领,设立"拔尖学生培养专家委员会",利用平台优势深化知识赋能和科教融合,提升国际化水平,增强国际竞争力。

傅元峰教授(南京大学文学院)认为拔尖基地不应该是延伸出来的单独的培养体系,而是原有培养结果的动态呈现。因此,南京大学文学院在拔尖学生培养上并没有设置特别的课程体系,而是充分利用原有的学科资源,形成了基础优化、生态保护、专项支持、奖学激励、多方联动的培养机制。在组织形式方面,力图做到以学生为主体,开展读书会、DIY课程、院刊编辑、寻师访学等活动;在培养策略方面,则尝试建立动态的进出制和弹性的学分制,基于学生的主动学习,形成一些学分抵消,使学生投入更多时间在读书思考上。

张均教授(中山大学中文系)介绍了中山大学拔尖人才培养的探索方案。第一是建立动态选拔和培养机制。虽然中山大学没有专门设立拔尖班，但有相应的班主任和辅导员负责拔尖学生的培养。第二，落实与完善一制三化的政策，实施全程动态导师制，开展小班化、个性化与国际化教学。第三，探索项目依托培养机制。计划以国家重大科研项目为依托，成立若干项目小组，吸收拔尖学生参与田野调查和资料整理，使其了解学术研究的方法与门径。第四，实施现代书院制，融合传统书院与现代大学制度。第五，在政策上给予拔尖学生优先支持，例如优先支持参加学术会议与夏令营，优先支持境外交流等。

马自力教授（首都师范大学文学院）介绍了首都师范大学拔尖学生培养基地筹划的思路，主要是计划建立两个机制。一是学院和书院的双体系培养机制，旨在探索沉浸式的学习模式与开放式的教学模式。具体做法包括聘请知名学者担任书院导师，设立专门的交流空间供学生读书讨论等。二是阅读研究和拓展的自主学习机制，主要强调经典研读和专题研究。在教学管理方面，采取因材施教的弹性学分制；在导师制方面，成立专门的导师工作组，进行导师和学生的互选工作。

二、拔尖学生培养课程体系的融通

促进学科交叉、科教融合是培养拔尖创新人才的关键举措。因此不少高校尝试联合文史哲院系，搭建新文科实验平台，建设跨学科的课程体系，以期为拔尖学生参与跨学科学习和自主研究创造条件。

杜晓勤教授（北京大学中文系）介绍了北京大学在拔尖学生培养方面的举措，主要体现在两个方向：一是对内整合，打造三个学科平台。北京大学自2018年开始，陆续成立了中国古典学平台、语言与人类复杂系统研究平台、现代思想与文学研究平台，并依托平台开设一些课程与班级，旨在打破专业壁垒，强调专业融通，培育新的学术增长点。二是对外联通，增加多重合作机制。希望与国内外高校进行外联活动，通过举办讲座和校际交流等，形成跨院校、跨学科的多重合作机制，最终目的是培养既能做学问，又能服务社会的复合型、创新型人才。

马东瑶教授（北京师范大学文学院）分享了基于综合素养评价系统的人文学科拔尖人才培养方式，重点是关注拔尖人才的成长路径。该综合素养评价系统旨在建设"深度－综合－自主"的课程体系，拓展多元化研修式教学模式的特色，建设人文学术基地的科研训练系统以及基于体验的多元学术视野和创新实践系统。通过为学生建立个人电子档案袋，对其学业科研进行追踪，以期改进完善拔尖人才在本科阶段的培养。在人文学科拔尖人才培养路径方面，重点是推进项目制课程和教学体系的建设，兼顾专业学习和科研训练，建立国内外贯通的拔尖人才协同实践平台，定期开展人文学科拔尖人才培养的合作交流活动等。

罗鹭教授（四川大学文学与新闻学院）介绍了四川大学拔尖与强基计划的基本情

况及未来设想。主要举措包括联合历史文化学院、哲学系,建设基础学科文史科大平台。希望通过系列经典导读课程的开设,打通文史哲的专业壁垒;推进本硕博贯通式人才培养方案的修订,实现大文科内部及其相关学科的初步"宏通",使学生具备深厚的人文底蕴、扎实的专业基础、宽广的学术视野以及强烈的探索与创新意识;探索新文科背景下拔尖人才培养新模式,建设"中华文化传承与全球传播数字融合实验室",发挥川大文理交叉、文学与新闻传播交叉的学科优势,推进新文科建设与复合型拔尖人才的培养。

裴亮教授(武汉大学文学院)指出,以往的中文专业课程,多以"文史哲一体化"的思路展开,存在"重文科内拼盘,轻跨科际融合""重文史知识,轻科学精神""重理论、轻实践"等问题。因此武汉大学在导师制、书院制和学分制的基础之上,又重点强调"两条路径"(即多元化与信息化),以培育"四通人才"(即文理打通、知行打通、中西打通、古今打通)为目标打造全新升级的"新中文"课程体系。具体做法主要有:整合校内资源,搭建拔尖人才培养共享平台;创新培养方案,建设科际融合的课程体系;推进科教融合,构建立体科教协同育人体系;拓展实践平台,强化实践教学育人功能;引入弹性化学制,加大专业分流的开放性。

三、拔尖学生的个性化、国际化培养路径

在拔尖学生培养基地的建设中,"个性化、小班化、国际化"的教学模式是培养创新人才的重要途径。一些高校在拔尖学生培养基地的建设中,利用学校的区位优势和学脉传统,建立起具有个性化特色的培养体系。也有学者专门就疫情环境下如何更好地开展拔尖学生的国际化培养发表了看法。

段怀清教授(复旦大学中文系)选取了一个较小的切入点,专门分享了复旦中文本科拔尖学生国际教育培养的探索实践。具体措施主要有搭建拔尖学生国际教育培养工作平台,完善全球化语境下拔尖学生国际教育培养的体制保障,推动开展以本科拔尖学生教育培养为目标的前沿学术讲座等。但相关工作的开展也存在一定的难度和挑战,例如如何做到既符合现行政策要求,又能保证培养方案的连续性与稳定性等。

张丛皡教授(吉林大学文学院)从八个方面介绍了吉林大学中国语言文学拔尖人才培养的思路,其中一些举措体现了吉林大学的办学特色。例如致力于传承吉大学脉,发挥中文学科在鲁迅研究、中日近现代文学关系研究、古文字研究等方面的传统优势,推动学科学术传承;利用涵盖文学、史学和艺术的多学科的优势,扩大课程体系视野,加快"新文科"建设;发展数字人文、计算语言学、人工智能文学等高潜力研究领域;等等。

程娟教授(北京语言大学教师教育学院)从基地建设与国际化培养两个方面分享了北京语言大学拔尖学生培养的思路。北京语言大学中文拔尖人才培养的导向主要是

"中文国际传播",因此在基地建设方向上,北京语言大学旨在建构中外融通、古今融通、学科融通的"三融通"中国语言文学拔尖人才培养体系,培养汉语卓越教师、汉学领军人才和各领域拔尖人才。主要措施是建构以国际中文教育与中华文化国际传播、语言与认知科学、人文与国际关系跨学科交叉为特色的中国语言文学课程体系。在拔尖学生的国际化培养方面,北语借鉴已有的国际化培养模式,加强了国际化师资建设,并积极培育和建设优质的海外实习实践基地。

刘云教授(华中师范大学文学院)介绍了华中师范大学拔尖人才培养中"云上中文"平台的使用。受到空间和成本等条件的限制,华中师大目前还没有建立实体的书院,而"云上中文"平台则相当于是一个线上的书院,建立的目的主要是为了加强师生的互动。该平台为学生提供学习资源与交流环境,可以随时随地开展协作学习,同时分类建设中文学科资源,助力学生学业规划和个性发展,在拔尖人才培养过程中发挥了积极的作用。

颜桂堤教授(福建师范大学)分享了福建师大"孙绍振班"拔尖人才培养模式的探索与思考。"孙绍振中国语言文学拔尖学生培养基地"主要是立足闽台,面向全国,重点培养四类人才:一是理论家和批评家,二是讲好中国故事的创作名家,三是文本解读水平高并热心基础教育的教育名家,四是服务统一大业的中华文化传播名家。在具体培养措施方面,则尝试发挥"海上丝绸之路"核心区和闽台"五缘"的优势,加强闽台合作,促进人才培养,通过"五合工程"(即学术合作、期刊合办、学科合力、教材合编、青年合聚),打造闽台文教交流的典范。

四、对中文学科现有培养模式的反思

大学中文教育在过去的一个世纪里不断发展,逐渐形成了现今较为完整的培养体系,但同时也存在课程体系固化、教学手段单一等问题。拔尖计划、强基计划等新的改革举措为中文学科带来了机遇,然而也对原有的培养模式形成了冲击。如何平衡原有的培养方案与新的改革要求,也成为与会学者集中讨论的焦点。

詹福瑞教授(北京外国语大学中文学院)首先介绍了北京外国语大学中文学科的发展目标:一是融入主流,融入全国中文学科的主流,融入北外学科建设的主流。二是突出特色,例如强调学生外语的培养,注重校内学生之间的交流以及中外学生的交流等。其次,詹教授指出,不管是拔尖学生培养,还是现有的本科生、研究生培养,关键是现有课程体系的改革。我们需要反思现有中文课程体系的科学性,例如概论课、文学史课应该如何开设,又应该如何讲授。人文学科学生培养应该关注学生的读书能力、写作能力以及对社会的判断能力,通过怎样的培养模式达到这个目标,需要我们进一步思考。

沈立岩教授(南开大学文学院)在介绍南开大学伯苓班拔尖学生培养的情况之

后，重点提出了如何更好地兼顾教育公平和拔尖培养的问题。例如认为拔尖培养与强基计划应设立一定的退出机制，如果学生发现自己在这方面并没有浓厚的兴趣和坚定的意志，那可以退出到普通的平行班。另一方面也可以考虑先给学生一个相对宽泛的学科选择范围，在明确自己的兴趣之后再作出进一步的选择。

苏仲乐教授（陕西师范大学文学院）提出了如何平衡专精与广博的问题，具体来说即如何设计人才培养的课程体系与知识体系。过去开设原典研读班，希望能够弥补"通识＋概论"课程的不足，但这样带来的问题是学生知识体系的不完整。因此我们现在需要思考的是如何让原典研读和通识课程形成互补，使拔尖学生培养的课程体系更加完备。此外，本科拔尖人才的培养一方面需要为学生提供多种可能性，另一方面也需要尽早地帮助学生发现自己的兴趣点所在，为未来的发展打下基础。因此在建设课程体系的时候，也需要思考如何平衡不同学科方向的课程设置。

陈涛教授（中国人民大学文学院）主要谈了关于拔尖学生培养的三点困惑。一是如何做到书院制培养与传统中文系培养之间的平衡。由于学生第一年是被归入书院，因此原本中文系需要四年完成的课程就会被压缩成三年。但如果是在书院阶段就开设专业课程，那么实际上也达不到专业融通的效果。二是如何做到拔尖培养与有教无类之间的平衡。对拔尖班和强基班过多的资源倾斜无疑会给普通班的学生带来压力。拔尖人才培养并非拔苗助长，应该尽可能给更多学生平等地创造机会，使其自然地成长为差异化的拔尖人才。三是如何做到双学位、跨学科人才培养中的学科平衡。每一个学科在研究范式和思维方法上都有很大的差异，在老师的磨合、学生的接受等层面都有许多需要解决的问题。

会议最后陶然教授从"同"和"异"两个角度对本次论坛进行了总结。"同"主要体现在三个方面：一是各个高校在理念和做法上的相似性，二是实践过程中困惑的相似性，三是对于协同合作需求的相似性。希望今后各高校之间可以更多地进行经验的交流和资源的共享，尝试以地域、学科或课程为纽带，建立更为微观的协同机制。在"异"的层面，尽管在政策导向下各个学校的做法是相近的，但不同学校培养出来的学生应该是不同的。因此各高校应立足自身优势，致力于发扬学校、学科的学术传统，培养具有个性化的拔尖人才。